21 JOURS POUR LÂCHER PRISE, C'EST PARTI !

Chloé Mason

jouvence
EDITIONS

Dans la collection « C'est fini ! C'est parti ! » aux Éditions Jouvence :

Réduire les ondes électromagnétiques, c'est parti !, Carl de Miranda
Je détoxique mon foie, c'est parti !, Christopher Vasey
Les crises d'angoisse et de panique, c'est fini !, Christophe Tissier
Le réflexe médicament, c'est fini !, Isabelle Doumenc
J'achète moins, je vis mieux, c'est parti !, Ombeline Hoor
Ronflements et apnée du sommeil, c'est fini !, Michel d'Anielo
Domptez votre emploi du temps, c'est parti !, Slavica Bogdanov
Je deviens papa, c'est parti !, Carl de Miranda
Les régimes, c'est fini !, Céline Touati
Les dérèglements de la thyroïde, c'est fini !, Isabelle Doumenc
La land art-thérapie, c'est parti !, Alain Dikann
Je suis bien dans mon assiette, c'est parti !, Dr Philippe Stéfanini et Patricia Repon-Bellone
Les fruits et légumes de saison, c'est parti ! René Longet
Les phobies, c'est fini !, Alexandra de Sénéchal

Catalogue gratuit sur simple demande.

ÉDITIONS JOUVENCE

France : BP 90107 – 74161 Saint-Julien-en-Genevois Cedex
Suisse : CP 227 – 1225 Chêne-Bourg (Genève)
Site internet : www.editions-jouvence.com
E-mail : info@editions-jouvence.com

ISBN 978-2-88911-874-8

Suivi éditorial : Christine Cameau
Correction : Florence Le Grand
Composition : Virginie Cauchy
Maquette de couverture : Atelier Didier Thimonier
Couverture : Éditions Jouvence

L'auteur

Si Chloé Mason est belgo-italienne, l'origine de son prénom est grecque et veut dire « jeune pousse » ou « herbe naissante ». Cette étymologie lui rappelle à quel point chaque petit élément de la nature détient en lui une force de vie incroyable.

Chloé aime bien imaginer l'être humain comme une jeune pousse dotée d'un potentiel créatif énorme à développer. Avant, elle était aux antipodes du lâcher-prise, mais sa vie a changé grâce à son parcours personnel et à ses diverses formations en Communication NonViolente et en Programmation Neuro-Linguistique. Elle accompagne donc ses lecteurs en toute bienveillance et authenticité, car elle a fait le même chemin.

Amoureuse de la vie, passionnée par le monde et perpétuelle rêveuse, elle a un réel plaisir à communiquer et partager tout ce qui l'inspire, tout ce qui la fait évoluer et vibrer. C'est d'ailleurs de cette passion qu'est né son blog « Les petits bonheurs partagés » car, pour Chloé, le bonheur on le crée, on le vit et surtout, on le partage !

Le blog de l'auteur :

https://www.facebook.com/lespetitsbonheurspartages/

Je m'appelle…

……………………………………………………………………………

et je m'engage à…

……………………………………………………………………………

……………………………………………………………………………

……………………………………………………………………………

……………………………………………………………………………

« L'idée de lâcher prise terrifie mais, en réalité, c'est le fait même de vivre qui nous terrifie car apprendre à vivre, c'est apprendre à lâcher prise. »

Sogyal Rinpoché

Sommaire

Introduction

Samedi après-midi. Votre fille est à une fête d'anniversaire. Votre compagnon jardine dehors et vous, vous en avez profité pour ranger la maison. Les tâches ménagères sont finies, il vous reste une vingtaine de minutes avant d'aller chercher votre enfant.

Vous mourez d'envie de vous préparer une belle limonade maison et de vous plonger dans la lecture de votre magazine favori les doigts de pieds en éventail dans le jardin.

Mais vous hésitez car vous risquez de ne pas avoir assez de temps…

Vous allez au jardin jeter un coup d'œil sur l'avancement du jardinage. Vous remarquez que votre compagnon n'a fait que la moitié. Vous pensez intérieurement que si vous l'aviez fait vous-même, vous auriez déjà tout fini ! Vous soupirez.

Votre conjoint vous demande ce qu'il se passe. Vous lui expliquez votre dilemme. Il vous répond tout naturellement qu'il peut aller lui-même chercher votre fille, comme ça, vous pouvez profiter de votre limonade et de votre lecture !

Vous hésitez encore… Et là, c'est le début du tourbillon infernal : « Si je dis oui, je pourrai lire tranquille mais le jardinage ne sera pas fini. Si je vais chercher la petite, au moins il aura le temps de finir le jardin. Enfin j'espère, vu l'allure à laquelle il va ! Oh et puis, on s'en fiche du jardinage, je me laisse faire.

C'est super gentil de sa part de proposer d'aller chercher la petite. Oui mais… s'il va la chercher, on va peut-être se demander pourquoi je n'y suis pas allée moi… »

Vous regardez votre compagnon, vous êtes sur le point de craquer, mais vous choisissez de retenir vos larmes et vous lui faites un grand sourire : « Merci pour ta proposition, mon chéri, mais j'irai moi-même chercher la petite, ne t'en fais pas. »

STOP !!! Ce n'est pas tenable de vivre ainsi, il est grand temps pour vous de lâcher prise avant d'imploser !

Comment ? C'est ce que vous allez découvrir dans cet ouvrage !

Revenons un instant sur ce fameux samedi après-midi.

Notre chère maman essaie de contrôler absolument tout et si elle ne change pas sa façon de faire, de penser et d'agir, elle risque vraiment de mettre en danger sa santé physique et mentale !

Pourquoi ? Parce qu'elle est en perpétuelle tension mentale et physique ! Elle n'est pas à l'écoute de ses besoins et refuse l'aide de son mari. Elle a peur de perdre le contrôle et donc n'arrive pas à déléguer les tâches. Elle aimerait que son mari aille plus vite avec le jardinage et elle se compare à lui. Elle a peur du « qu'en-dira-t-on » si elle ne va pas elle-même chercher sa fille. Elle craint donc le regard des autres. Elle est impatiente de savoir absolument tout par rapport à la fête d'anniversaire, pas par curiosité mais pour être rassurée, afin de constater que sa fille s'est bien amusée et qu'elle n'a pas trop mangé de gâteaux…

N'avez-vous pas le tournis ou le souffle coupé à la lecture de ce récit ? Moi si, et cette femme me rappelle énormément quelqu'un : moi, il n'y a pas si longtemps que ça…

> ***Il n'est jamais trop tard pour changer. On peut commencer à vivre dès aujourd'hui notre vie de manière plus consciente. Pour ce faire, il nous faut avoir la volonté de sortir de l'illusion et nous mettre en action. Car nous sommes les seuls acteurs de notre propre changement.***

Voyez ce livre comme **une invitation au changement**. J'ai proposé une version plus simplifiée l'année passée sur les réseaux sociaux et les participants ont été ravis. Après les 21 jours, j'ai reçu énormément de retours positifs et c'est pourquoi j'ai eu envie d'aller plus en profondeur et d'écrire ce livre.

Mon intention première est celle du partage. Je souhaite transmettre en toute humilité et simplicité ce que j'ai appris et vécu, en espérant que cela puisse vous servir.

Il existe déjà une multitude d'ouvrages qui se sont penchés sur la question. C'est pourquoi je préfère vous transmettre l'essentiel théorique, et puis directement passer à la pratique car, finalement, seule l'expérience compte vraiment ! (Vous trouverez à la fin de cet ouvrage les références de tous les livres qui traitent le sujet ainsi que ceux qui m'ont inspirée et aidée dans mon parcours.)

J'ai plutôt choisi de vous proposer une approche plus innovante et plus ludique au travers de jeux et d'exercices afin que vous puissiez vous-même faire l'expérience du lâcher-prise tout au long de ce livre.

Comme le disait Albert Einstein : « La connaissance s'acquiert par l'expérience, tout le reste n'est que de l'information. »

Selon moi, la meilleure façon d'apprendre est d'expérimenter, et si vous tenez ce livre entre vos mains, ce n'est pas par hasard. Dans la première partie, vous découvrirez toutes les (très bonnes) raisons de lâcher prise, et dans la deuxième partie, ce sera à vous de jouer !

Vous avez l'occasion, pendant 21 jours, de vivre une expérience unique qui va vous changer, vous faire évoluer et vous guider vers une vie plus harmonieuse et authentique !

21 jours pour lâcher prise, c'est parti !

Autodiagnostic

Est-ce que je sais lâcher prise ?

Je vous propose une série d'affirmations. Lisez-les à voix haute et voyez si cela sonne juste ou faux pour vous. Ensuite, entourez la réponse adéquate. Soyez honnête avec vous-même, vous verrez, vous vous remercierez plus tard !

1/ J'ai souvent peur de perdre le contrôle. ☐ oui ☐ non

2/ J'ai tendance à me juger et/ou à juger les autres. ☐ oui ☐ non

3/ J'écoute rarement les messages de mon corps. ☐ oui ☐ non

4/ Secrètement, j'aimerais être parfait(e). ☐ oui ☐ non

5/ Mon mental est mon pire ennemi. ☐ oui ☐ non

6/ Je me sens fréquemment en insécurité. ☐ oui ☐ non

7/ J'aimerais pouvoir changer mon entourage (conjoint(e), famille, amis, collègues…). ☐ oui ☐ non

8/ J'ai régulièrement l'impression d'être sous pression. ☐ oui ☐ non

9/ Le passé m'empêche souvent d'avancer. ☐ oui ☐ non

10/ J'arrive difficilement à déléguer. ☐ oui ☐ non

11/ J'ai tendance à me comparer aux autres. ☐ oui ☐ non

12/ J'ai l'impression de trop penser. ☐ oui ☐ non

13/ J'ai du mal à me faire confiance et/ou à faire confiance aux autres. ☐ oui ☐ non

14/ J'accepte péniblement mes limites. ☐ oui ☐ non

15/ Les imprévus m'angoissent. ☐ oui ☐ non
16/ Je ne pardonne pas facilement. ☐ oui ☐ non
17/ J'appréhende l'inconnu. ☐ oui ☐ non

Analyse des réponses :

De 0 à 3 oui : votre faculté à lâcher prise est présente dans votre quotidien et dans votre façon de vivre, bravo ! Ce livre peut néanmoins vous aider à approfondir vos connaissances, car rien n'est jamais complètement acquis.

De 4 à 6 oui : vous arrivez difficilement à lâcher prise. Cela peut vous affecter et avoir un impact sur votre existence. Cet ouvrage peut vous donner les outils nécessaires pour améliorer votre qualité de vie.

À partir de 7 oui : bienvenue au club des champions de la catégorie « stress-crainte-résistance-contrôle » ! J'en faisais partie aussi et si j'ai réussi à m'en libérer, vous le pouvez aussi ! Votre vie sera transformée après la lecture de ce livre.

Et si au lieu de prendre votre mal en patience, vous preniez votre bien-être en urgence ?

1

LÂCHER PRISE ? POURQUOI ?

CHAP. 1

LÂCHER PRISE, OUI MAIS LÂCHER QUOI AU JUSTE ?

Il y a quelques années, ma vie a complètement changé. J'ai pris la décision d'arrêter de « survivre » et de « subir » la vie comme une victime. J'ai choisi consciemment d'arrêter de vouloir tout contrôler et d'arrêter de me laisser contrôler par mes peurs, par les autres, etc.

J'ai décidé de me mettre en action pour co-créer ma vie et apprendre à la vivre pleinement. Évidemment, il n'y a pas de bouton magique , les choses prennent du temps et il est bon de se rappeler que nous sommes des êtres humains, pas des Bouddha.

> ***Le plus important est de faire de son mieux chaque jour. On apprend et on évolue constamment tout au long de notre existence.***

Mais pour moi, une chose est sûre : la vie, on ne la contrôle pas, on la vit !

Mon expérience

Ancienne grande angoissée, j'étais championne du monde dans la catégorie « stress-crainte-résistance-contrôle ». Le lâcher-prise me semblait… impossible !
Pour tout vous dire, j'en avais tellement peur ! J'étais persuadée que si je lâchais, j'allais tomber et tout perdre. Je pensais que tout mon monde allait s'écrouler comme un château de cartes. J'avais l'impression de me retrouver face à une immense montagne et je me sentais toute petite.
Et puis, avec le temps, je m'étais habituée à ce titre de championne et je m'étais créé une sorte d'identité autour

de ces étiquettes d'angoissée, hypersensible, victime, etc. Elles me servaient d'excuses et, forcément, ça m'évitait de devenir entièrement responsable de ma propre vie. J'avais toujours fait « avec ». Je n'avais encore jamais envisagé ma vie… « sans » !

Combien de fois me suis-je retrouvée au pied de ma montagne en me disant : « Non, non, non ! Je rebrousse chemin, d'autres pourront sûrement le faire car pour moi, c'est impossible. Ou alors j'essaie à la limite de monter le premier petit rocher là, il a l'air facile. Oh et puis non, j'abandonne, il y aura sûrement quelqu'un qui viendra un jour m'aider ou qui décidera à ma place quel rocher est à ma portée. Donc pour le moment, c'est plus prudent de rester ici. »

Et pourtant, il y avait cette petite voix au fond de moi qui criait : « Tu vas encore rester plantée là longtemps ?! Non parce que là, ça commence à bien faire ! Regarde-la ta montagne, ce n'est pas par hasard que tu es là. C'est ton défi, ton chemin. C'est ta vie, quoi !
Quand est-ce que tu vas enfin comprendre que le jour où tu lâcheras prise, tu te libéreras de tout ce qui t'empêche d'avancer ?! Tu crois sincèrement que la vie c'est rester planquée devant sa montagne ? On a tous une montagne à gravir et voici la tienne. Personne ne va la gravir à ta place ou décider pour toi. C'est à toi de le faire. Alors, tu viens ? Ta vie t'attend ! »

Et là, j'ai eu comme un électrochoc… Je me suis rendu compte que je vivais dans l'illusion, que ce titre de championne m'emprisonnait et que ce n'était pas « moi ». Je n'étais pas mes angoisses et mes peurs et donc, si je les lâchais, je n'allais pas perdre mon identité, au contraire, j'allais découvrir qui j'étais réellement !

Comment pouvais-je envisager de rester plantée là une seconde de plus ? J'ai pris une grande inspiration et j'ai décidé de tout lâcher et d'y aller.
Je savais que j'allais avoir peur de l'inconnu, mais j'étais également excitée comme une puce, car j'allais découvrir tellement de merveilles !

J'imaginais aussi que j'allais tomber, me faire mal et me relever. Mais vous savez quoi ? Rien de tout cela n'avait d'importance sur le moment, rien ne venait ébranler mon immense joie, car j'allais finalement entamer mon parcours, je laissais mon rôle de spectatrice pour finalement devenir l'actrice principale de mon existence.
J'allais enfin commencer à vivre…

Lâcher prise, c'est quoi ?

Lâcher prise, c'est à la fois une capacité, une libération, une déconnexion et une attitude.

Une capacité

Lâcher prise, c'est la capacité à « laisser », à « cesser de retenir et de résister ».

En d'autres termes, il s'agit de laisser aller ce qui nous empêche d'être bien, d'arrêter de nous « agripper » à nos pensées, nos émotions, nos croyances, etc.

Exemple

J'ai rendez-vous avec une amie pour le déjeuner. Je me réjouis, on a prévu ce petit moment à deux depuis si longtemps ! À la dernière minute, elle annule.

J'ai le choix entre deux attitudes :

- **Une fois la déception passée, je décide de ne plus y penser et je passe à autre chose.** Je lâche prise sur cet événement qui s'est passé au-delà de ma volonté. J'accueille l'émotion qu'il a engendré : déception, tristesse, colère… et je décide de ne pas m'y attarder car ce qui est fait est fait. Je continue ma journée tranquillement.

- **Je reste agrippée à mes pensées :** « Pourquoi elle annule comme ça sans raison apparente ? Et puis, on l'avait prévu depuis si longtemps ce lunch ! » Je reste agrippée à mes émotions : je me sens triste, je relis son texto plusieurs fois, je suis en colère, j'imagine lui répondre et puis je ne le fais pas. Je reste bloquée dans ces pensées et ces émotions et ça me bouffe toute ma journée. Je peux aussi rajouter une couche : aller m'agripper à mes peurs et mes croyances et commencer ma rumination mentale : « Si elle annule, c'est sûrement à cause de moi parce que la dernière fois qu'on s'est vues je me suis pas mal apitoyée sur mon sort. Elle n'a évidemment pas envie de passer un moment avec quelqu'un comme moi qui se plaint, etc. ». Pire, je peux continuer à alimenter ce mental qui cogite en allant m'auto-saboter jusqu'au bout en téléphonant à une amie et lui dire : « Tu te rends compte ?! Annuler au dernier moment comme ça ! Mais ça ne se fait pas ! Tu crois qu'elle m'en veut parce que la dernière fois qu'on s'est vues je n'arrêtais pas de me plaindre ? Elle t'a dit quelque chose et tu ne veux pas me le dire, c'est ça ? »

Et voilà ! Votre journée a été complètement ruinée car vous n'avez pas lâché prise ! Vous vous êtes accroché(e) à vos pensées, vos émotions, vos doutes, vos peurs, vos croyances et vous vous êtes imaginé des scénarios catastrophes tout ça pour… un lunch !

Une libération

Lâcher prise, c'est se libérer de nos poids et nos chaînes, c'est lâcher la pression, cesser d'être dans la résistance et le contrôle de tout.

Exemple

J'ai préparé soigneusement les habits de ma fille de 3 ans : une nouvelle salopette sur laquelle j'avais flashé et un cardigan. Au moment de s'habiller, elle ne veut pas du tout mettre ce que j'ai choisi pour elle. Elle va prendre une jupe et un vieux pull qui ne vont pas du tout ensemble !

J'ai le choix entre deux attitudes :

- **Je relativise.** J'accepte l'émotion : je suis déçue que ma fille n'aime pas ce que je lui ai préparé, mais je décide de ne pas résister. Je lâche le contrôle : si elle préfère ses vieux vêtements, c'est ok. On continue de se préparer avec légèreté et joie, car j'ai lâché prise et elle est contente d'avoir pu mettre sa jupe et son pull. Au final, il s'agit des goûts vestimentaires de ma fille qui sont différents des miens, pas d'un caprice ou d'une remise en question de mon éducation !

- **Je refuse la demande de ma fille. Non, c'est non.** J'ai préparé ses vêtements la veille. Tout était parfaitement sous contrôle. Cette salopette est impeccablement repassée tandis que la jupe et le pull sont vieux et chiffonnés. Je lui résiste, je me mets la pression, car on prend du retard et je lui mets la pression en l'accusant d'être la cause de notre perte de temps. Je perds patience, ma fille pleure et on finit par se disputer, devoir manger le petit déjeuner dans la voiture et arriver en retard à l'école.

Et voilà comment gâcher une matinée parce que vous n'avez pas su lâcher prise ! Vous vous êtes agrippé(e) à votre volonté de tout contrôler, vous avez résisté à la demande de votre fille, vous vous êtes mis une pression énorme, tout ça pour… une salopette !

Une déconnexion

Lâcher prise, c'est la faculté de se déconnecter pleinement du flux des pensées et de ressentir son corps sans tension, complètement relâché.

Exemple

Des amis viennent dîner à la maison. Je commence à imaginer ce que je pourrais cuisiner. Les idées de recettes foisonnent. Petit à petit, mon mental s'emballe car j'ai trop d'idées, trop de pensées. Je commence à m'embrouiller.

J'ai le choix entre deux attitudes :

- **Je décide de me poser et de faire le vide.** Je prends quelques grandes respirations et je reviens dans l'instant présent. Je fais un « body scan », c'est-à-dire que je prête attention à chaque partie de mon corps et je remarque les tensions, je me détends. Je relâche la pression, les tensions et je ne pense plus à mes recettes. Je suis totalement présente dans mon corps et dans ma relaxation. Je lâche prise complètement.

- **Je prends une feuille de papier et un stylo,** j'écris toutes les idées de recettes qui me viennent en tête. Ça s'embrouille encore plus. « Et si certains ont des allergies ou des intolérances ? Et quand est-ce que je vais faire les courses ? Et si le boulanger n'a plus de pain frais ? Et s'ils apportent un dessert, est-ce que je dois en faire un autre ? Bien sûr, t'imagines s'ils arrivent sans rien, t'es bien toi sans dessert ! Et pour le vin ? Comment je fais ? Je ne sais plus s'ils préfèrent le blanc ou le rouge ! »

Et voilà ! Vous vous êtes offert inutilement un gros moment de stress parce que vous n'avez pas lâché prise ! Vous êtes stressé(e), votre nuque est raide et vous vous sentez complètement tendu(e), tout ça pour… un dîner !

Exercice : le body scan

Et si avant d'aller plus loin dans la lecture, on se faisait un petit « body scan » ?

Le « body scan » est une technique de relaxation qui consiste à observer chaque partie du corps et à remarquer où se logent les tensions. Là où votre attention se pose, vous avez la possibilité de prendre réellement conscience de vos crispations et vous pouvez ainsi les relâcher. Vous vous détendez.

C'est un excellent exercice de lâcher-prise car vous vous détachez de vos pensées pour revenir totalement à la conscience de votre propre corps, vous lâchez littéralement vos tensions !

Allez hop, c'est parti !

- Allongez-vous (ou si ce n'est pas possible, trouvez une position confortable). Fermez les yeux.
- Posez d'abord votre attention sur votre respiration. Ressentez l'air qui entre et sort de vos narines.
- Continuez à respirer calmement. Prenez conscience maintenant des parties de votre corps qui sont en contact avec le matelas, le divan.
- Ensuite, identifiez les parties qui sont en contact avec vos vêtements.
- Lorsque vous êtes prêt(e), portez votre attention sur votre corps, en commençant par les pieds et en remontant pour finir par la tête. Focalisez-vous sur les sensations et les tensions. Vos pieds sont-ils fatigués d'avoir beaucoup marché ? Sont-ils chauds ou froids ? Ressentez-vous lourdeur ou légèreté ? Vos jambes sont-elles bien enfoncées dans le matelas ? Et votre dos ? Est-il cambré ou détendu ? Afin de mieux identifier vos muscles crispés, essayez de les bouger légèrement. Le mouvement est-il facile et fluide ou, au contraire, ressentez-vous une raideur ? ...

- **Tout au long de l'exercice et à chaque fois que vous constaterez des tensions, je vous invite à respirer profondément là où cela fait mal.** Imaginez que l'air que vous inspirez et expirez crée de l'espace et détend toutes les zones crispées. L'air est chaud et doux, il englobe votre corps tel un cocon protecteur. Remontez doucement tout le long de votre corps jusqu'à votre tête.

Avant de finir l'exercice, imprégnez-vous de cette sensation de relâchement. Ressentez votre corps dans sa globalité. Il est chaud et complètement détendu. Laissez votre bouche esquisser un beau sourire. Ensuite, ouvrez les yeux et reprenez doucement vos activités du jour ou la lecture de ce livre !

Une attitude

Lâcher prise, c'est une attitude qui soulage, libère, apaise et allège et qui, par conséquent, ne peut nous faire que du bien !

Oui, mais si ça fait tellement de bien, pourquoi cela nous semble-t-il si difficile ?

Eh bien, principalement parce que nous avons peur et que nous doutons de nos capacités !

Souvenez-vous de ma montagne. La peur me bloquait tellement ! Elle était agrippée à moi et me serrait tellement fort que j'étais pétrifiée, aveuglée, et donc incapable de voir que si je la lâchais, j'allais me libérer et m'abandonner à la vie.

À RETENIR

Imaginez une journée :

- sans peur de ce que les autres pensent de vous ;
- sans peur de vous tromper ;
- sans peur de perdre le contrôle ;
- sans peur de l'inconnu ;
- sans peur de manquer de temps ;
- sans peur d'être rejeté ou abandonné.

Ce serait génial, non ? Eh bien, c'est possible !

Maintenant imaginez que vous n'avez plus peur de rien, comment vous sentez-vous ?… Libre ?

Moins j'ai peur et plus je suis libre !

Attention ! Lâcher prise, ce n'est pas se mettre la pression pour ne plus avoir peur de rien ni personne !

C'est plutôt apprendre à reconnaître ses peurs, telles qu'elles sont, sans les juger (et sans se juger), sans les laisser prendre le dessus, essayer de les observer et de les voir comme des parties de nos zones d'ombre pour ensuite les dépasser et les transcender. Nous y reviendrons plus tard, lorsque je vous parlerai des émotions.

Avant, j'avais des appréhensions. Mais ça, c'était avant !

Avant de comprendre la subtilité du lâcher-prise, je croyais que j'allais passer pour quelqu'un de défaitiste, qui ne se bat pas, qui ne lutte pas.

En fait, lâcher prise ce n'est pas abandonner ou renoncer ; il n'est pas question de se soumettre ni de se résigner.

Bien au contraire, **il s'agit de lâcher ce qui nous retient d'être heureux**. C'est arrêter de résister et de s'accrocher à tout prix à un événement, une croyance, une situation, une pensée ou une personne ! Lorsque j'ai compris ça, je me suis rendu compte à quel point lâcher prise nous rend plus fort et nous libère !
Il y a une énorme différence entre accepter/accueillir une chose telle qu'elle se présente et l'approuver !

Par exemple, je peux accueillir le fait d'avoir été licenciée ; j'accepte le fait en tant que tel, je lâche prise, car je n'ai aucun contrôle sur la décision qui a été prise. Mais ce n'est pas parce que je l'accueille que je l'approuve ! Je peux être en désaccord tout en lâchant prise.

EN RÉSUMÉ

- **Pour résumer, le lâcher-prise, c'est :**
  - une prise de décision et un choix d'attitude ;
  - une façon de vivre, d'agir et de penser ;
  - un comportement à adopter à chaque instant de notre vie, peu importe les circonstances.
- **Lâcher prise, c'est apprendre à se libérer, à s'ouvrir à la vie, lui faire confiance et la vivre pleinement.**

TÉMOIGNAGE

Une histoire de briquet, d'allumettes et de lâcher-prise…

« Il y a quelque temps encore, ce concept me faisait fuir. Dans un parcours très difficile de FIV, on me répétait sans cesse : "Tu devrais lâcher prise, tu verras, c'est comme ça que ça marchera, n'y pense plus…" Comment ne plus penser à ce qui nous fait le plus souffrir ?

Et puis un jour, une amie m'a tendu un briquet et m'a dit : "Serre-le très fort, de toutes tes forces, jusqu'à ce que je te dise d'arrêter." Alors j'ai serré très très fort ce briquet et puis elle m'a dit "Lâche". Puis : "Alors, tu te sens mieux maintenant ou pendant que tu serrais ce briquet ?" La réponse était évidente.

Je crois que c'est ce jour-là que j'ai commencé à comprendre le concept du "lâcher-prise". J'ai compris que cela n'avait aucun rapport avec le fait d'y penser ou de ne pas y penser. En effet, s'il est IMPOSSIBLE de ne pas penser à ce qui nous tient le plus à cœur, j'ai compris que la soif de contrôle faisait mal… très mal… comme ce briquet au creux de ma main… alors que je me suis sentie tellement LIBÉRÉE en le lâchant ! Pourquoi s'infliger cela ?

Ensuite, j'ai cherché le moyen de transformer ce briquet en lumière dans mon quotidien… J'ai lu *Le Pouvoir du moment présent* et j'ai décidé de faire CONFIANCE à la Vie, parce que j'ai commencé à vraiment croire que la Vie était un cadeau merveilleux et qu'il était impossible qu'elle me veuille le moindre mal. Je devais comprendre des choses avant de pouvoir concrétiser mon rêve. Et ce qui devrait arriver arriverait, après tout ! Je ne dis pas que c'est gagné, je suis encore sur la voie de l'apprentissage du "lâcher-prise"… mais depuis, l'image de ce briquet ne me quitte jamais… et m'a permis de réaliser mon vœu le plus cher : dans quelques jours, je serai maman… »

Eugénie (cofondatrice des *Allumettes*, « bonheurs makers »)

CHAP. 2

LÂCHEZ, C'EST BON POUR LA SANTÉ !

J'espère que ces éléments de définition et ces mises en situation vous ont permis de mieux comprendre ce qu'est le lâcher-prise. Est-ce que vous vous rendez compte de l'impact énorme qu'il a à tous les niveaux de notre vie ?

J'entends déjà certains me rétorquer : « Ok, merci Chloé, mais si en gros tout part de notre façon **d'être**, de **penser** et **d'agir**, on fait quoi, concrètement ? On s'achète un nouveau cerveau ? »

Eh bien, pas besoin de troquer votre cervelle pour une autre, car vous savez quoi ? **Si votre cerveau fait certaines connexions (vous ne lâchez pas prise), vous pouvez lui apprendre à en faire de nouvelles (vous lâchez prise).**

Si vous avez appris à nager, à jouer d'un instrument de musique ou à maîtriser une langue étrangère, vous arriverez à lâcher prise.

Pour comprendre l'importance du lâcher-prise, je vous propose de revenir à la base de tout : notre cerveau.

Le cerveau et ses amis

En bref et... simplifié ! (Car on n'est pas non plus dans un cours de sciences tout de même !)

Le cerveau

Selon l'encyclopédie *Larousse*, chacun de nos comportements relève d'une fonction du cerveau. L'esprit, la conscience, la pensée sont des aspects de l'activité cérébrale, comme le sont les actions de courir, de sourire, d'apprendre ou de souffrir. Inversement, les troubles des émotions, de la pensée ou des fonctions perceptives et motrices caractérisent les maladies psychiques et neurologiques et résultent souvent de lésions, fonctionnelles ou organiques, du cerveau.

Le cerveau est d'une complexité sans égale. C'est l'organe de la perception et de l'action, de la pensée et de la communication. Chez l'animal comme chez l'homme, il met en relation le monde intérieur et le monde extérieur. (Source : http://www.larousse.fr/encyclopedie/divers/cerveau/32379)

Les croyances

Notre système nerveux génère des croyances selon les données reçues et les informations emmagasinées depuis la naissance. Ainsi, il est capable de créer des « vraies » croyances, mais également des « fausses » croyances qui vont façonner nos comportements, nos actions et nos pensées.

Exemple d'une « vraie » croyance : « C'est bien de se brosser les dents au moins deux fois par jour. »

À moins que votre papa ne soit dentiste, vous n'avez jamais vraiment eu la « preuve scientifique » que se brosser les dents au moins deux fois par jour est bon pour la santé. Vous avez cru les explications de vos parents quand vous étiez petit(e) et il s'avère qu'effectivement c'est une habitude saine et une hygiène de vie recommandée.

Exemple d'une « fausse » croyance : « L'hypersensibilité est une forme de faiblesse. »

Dans ma famille, on pensait que notre hypersensibilité nous rendait plus vulnérables. J'ai grandi avec cette croyance et j'ai donc cru que mes parents me disaient la vérité lorsqu'ils m'expliquaient que nous avions une faiblesse nerveuse et que c'était héréditaire. Pendant de longues années, j'ai réellement cru que j'étais faible. Jusqu'au jour où j'ai remis en question cette croyance.

Je me suis demandé si c'était une vérité absolue ou si c'était plutôt une croyance que mes parents avaient eux-mêmes reçue de leurs familles respectives.

LE SAVIEZ-VOUS ?

Dans votre caboche, il y a plus de 10 milliards de cellules qui transmettent et reçoivent des messages des différentes parties de votre organisme ! Ça donne le tournis, non ?

Notre cerveau se base sur les informations qu'il a reçues. Si vous voulez **changer vos croyances**, il vous suffit de donner de nouvelles informations à votre cerveau pour qu'il puisse créer de nouvelles connexions.

Je vous proposerai une série d'exercices dans la deuxième partie pour concrètement apprendre à lâcher prise sur ces croyances et retrouver votre capacité de discernement entre le « faux » et le « vrai ».

Le mental

Comme vous le savez, le cerveau est un des organes les plus importants de notre organisme. Le mental, lui, n'existe pas physiquement, c'est un instrument, un outil de l'esprit.
Il est nécessaire, utile et très important car il permet d'organiser, de réfléchir, de calculer, de lire, etc.

Le mental, c'est également cette petite voix, ce « Je », qui est parfois si bavard et si présent qu'il prend les commandes de votre vie !

Nous dépensons une énergie et une force incroyables à « ruminer ». Vous souvenez-vous de notre maman au début du livre ? Tous les scénarios et toutes les histoires qu'elle se racontait, c'était son mental qui allait à 300 km/h !

> ***Lâcher prise, c'est apprivoiser le mental et le faire taire. Je parle d'apprivoisement, car le traiter en ennemi ou faire comme s'il n'existait pas le fera revenir au galop. Ce que l'on réprime, s'exprime !***

Si vous reconnaissez votre mental, vous aurez la possibilité de l'apprivoiser et de vous en libérer. Vous aurez l'occasion d'apprendre à lâcher prise sur votre mental grâce aux exercices de la deuxième partie de ce livre.

À RETENIR

Le mental est un instrument nécessaire et important, car il permet de ranger, de raisonner, de mesurer, etc. **Mais c'est vous qui devez le maîtriser et pas le contraire !**

Les pensées

Selon les écrits, Bouddha le disait déjà : « Nous sommes ce que nous pensons. Tout ce que nous sommes résulte de nos pensées. Avec nos pensées, nous bâtissons notre monde. »

C'est un fait, nos pensées ont un impact réel et direct sur notre réalité.

Exemple

Votre pensée : « Je pense ne pas être à la hauteur. »
Résultat : vous vivrez une vie qui ne sera pas à la hauteur de vos valeurs et vos espérances.
Demandez-vous plutôt : « Et si je me décidais à penser que je suis à la hauteur et que je peux vivre une vie qui me correspond et qui correspond à mes rêves ? »

C'est pourquoi l'on parle de plus en plus de la « pensée positive », car la façon dont on pense influence notre vie. Encore une fois, il s'agit de faire de nouvelles connexions dans votre cerveau en lui apprenant à penser autrement.

Les émotions

Chaque jour, nous ressentons une multitude d'émotions qui prennent naissance à partir des quatre émotions de base : la joie, la tristesse, la peur et la colère.

Mais êtes-vous à l'écoute de vos émotions ? Pouvez-vous les nommer, les identifier facilement ? Arrivez-vous à les laisser s'exprimer ou au contraire, avez-vous tendance à les cacher et à les réprimer ?

LE SAVIEZ-VOUS ?

Le cerveau génère en moyenne 60 000 pensées par jour !

Bien souvent, on a l'impression de trop penser, de ne pas pouvoir calmer ce flux incessant dans notre esprit.

Avant, je me sentais réellement prisonnière de mes pensées. J'ai souffert pendant de longues années d'insomnies. Je n'arrivais tout simplement pas à calmer ni mon mental ni le flux de mes pensées. Cela a eu un impact énorme sur ma santé, car j'étais épuisée physiquement et mentalement.

Plus je m'agrippais à mes pensées, plus je leur donnais de l'importance, plus je m'y identifiais et plus j'en restais prisonnière ! Là aussi, j'ai compris que c'était en « lâchant » tout cela que j'allais me libérer. C'est ainsi que je commençai à lâcher prise sur mes pensées au travers de la méditation. Nous y reviendrons également dans la deuxième partie.

Apprendre à lâcher prise sur ses émotions, ce n'est pas ne plus en avoir ! Au contraire, c'est justement les laisser s'exprimer, c'est les vivre pleinement et consciemment. C'est apprendre à s'en détacher aussi et ne plus s'identifier à elles, car nous ne sommes pas nos émotions !

Souvenez-vous de l'impact de nos pensées, c'est la même chose pour les émotions, elles jouent un rôle fondamental dans nos vies, c'est pourquoi il est important d'oser les exprimer mais de ne pas s'y identifier.

Je vous invite à lire à voix haute les affirmations ci-dessous :

- Je suis triste – Je ressens de la tristesse.
- Je suis en colère – Je ressens de la colère.

Quelle est la différence entre les deux ?
Percevez-vous la nuance ?
Dans le premier cas, vous vous identifiez inconsciemment à la tristesse et à la colère en utilisant le « je suis ».
Dans le deuxième cas, vous ne vous identifiez pas à l'émotion, vous ressentez de la tristesse ou de la colère.

Les émotions sont d'excellents guides qui vous montrent comment vous vous sentez. Elles vous éclairent et vous envoient des messages, alors écoutez-les.
Trop souvent, on nous a dit qu'il ne fallait pas montrer ses sentiments, car c'est un signe de faiblesse. Mais à force de résister et de ne pas oser montrer nos émotions, nous emmagasinons des tensions, des non-dits, etc., et l'impact sur notre santé est colossal !

La roue des émotions

Connaissez-vous « la roue des émotions » du psychologue américain Robert Plutchik ? Je la trouve très intéressante pour découvrir tous les types d'émotions et à quoi elles sont liées.

Pour apprendre à lâcher prise sur les émotions, il faut d'abord pouvoir les identifier. Exercez-vous avec cette roue des émotions. Repensez à des événements et décelez quelle émotion de la roue est la plus appropriée. Observez et puis lâchez !

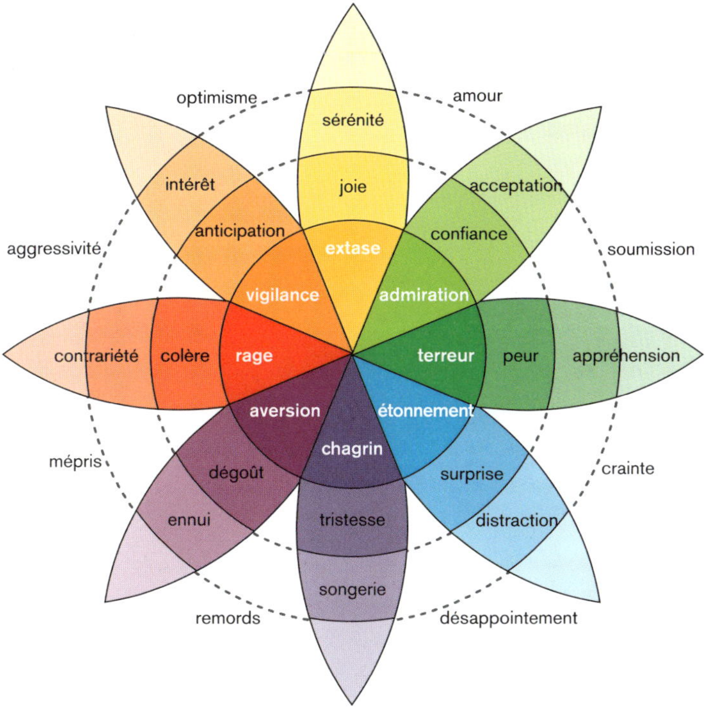

EN RÉSUMÉ

- **Pour résumer, le lâcher-prise :**
  - dépend des informations données à notre cerveau ;
  - s'opère à l'intérieur de nous et ses effets sont à la fois internes et externes ;
  - se fait à un niveau mental et physique ;
  - a un impact important sur tous les plans de notre vie.

TÉMOIGNAGE

Comment j'ai commencé à lâcher prise

« Pendant longtemps, j'ai cru qu'il fallait contrôler et faire attention pour être en sécurité. Contrôler mes mots, contrôler mes gestes, contrôler mon sourire.

Pendant longtemps, j'ai fait plaisir aux autres et je me suis un peu oubliée. Et puis un jour, j'ai rencontré la vraie Carole.

Voici la question qu'elle m'a posée : "Fais-tu la différence entre *il faut que* et *j'ai envie* ?" C'est à ce moment-là que le mot "besoin" est rentré dans ma vie. Ça n'a pas été simple, parce que je ne savais pas de quoi j'avais vraiment besoin.

Puis la vraie Carole m'a demandé : "Qu'est-ce que tu ne veux plus dans ta vie ?" Alors j'ai écrit des pages et des pages pour peu à peu m'autoriser à me poser une seconde question : "Qu'est-ce que je veux vraiment et qui ne dépend que de moi ?" C'est à partir de ce moment-là que j'ai commencé à créer ma vie à partir de mes besoins et du sens que je voulais lui donner. J'ai peu à peu lâché. Lâché la prise et probablement l'emprise que mon environnement a eues sur moi, étant persuadée qu'il fallait que je sois ce qu'il me demandait.

Aujourd'hui, je m'exerce à lâcher prise, d'abord en relâchant le corps, par des exercices d'étirement et de sophrologie. J'écoute mes besoins qui sont très souvent en lien avec la nature : courir, marcher et nager dans la mer. Je me connecte sur la fréquence des ondes positives en remerciant la vie d'être là, juste là vivante et heureuse. Sur ce nouveau chemin, je rencontre des personnes magiques avec lesquelles je suis moi-même et je sens que c'est le début d'une grande aventure humaine. Merci. »

Carole B. (formatrice, sophrologue et créatrice de la Journée des ondes positives)

CHAP. 3

COMMENT Y ARRIVER ?

Il n'y a pas de baguette magique spéciale « lâcher prise », sinon ça se saurait et nous l'aurions déjà tous utilisée depuis bien longtemps !

Il s'agit d'un processus individuel. C'est à vous et vous seul de décider de lâcher prise.

C'est parfois très difficile de l'admettre, mais il est impossible de tout contrôler : l'entourage, les événements de la vie, la société, etc. **Il n'existe qu'une chose que vous puissiez vraiment contrôler, c'est votre façon de penser, d'agir et de vous comporter.**

Attention, ne vous mettez pas non plus la pression, je ne pense pas que vous soyez le prochain dalaï-lama (quoi que ?!), mais bien un être humain en chemin !

> ***L'important est de se rendre compte que vous êtes la seule personne responsable de vos pensées, de vos actions et de votre vie. Et lorsque vous en devenez réellement conscient(e), c'est le début de la grande Aventure !***

Une nouvelle façon de vivre

Vous y arriverez **en entraînant votre cerveau à fonctionner autrement, en apprenant à faire de nouvelles connexions !**

Au début, cela se fait petit à petit, comme pour toute nouvelle habitude, et puis vous verrez que cela deviendra une toute nouvelle façon de vivre.

- Détendre le corps et l'esprit par le biais de techniques d'ancrage, de relaxation, de méditation, de respiration, de visualisation…

- Lâcher le contrôle, la pression, les peurs, les appréhensions…
- Changer de regard sur nous, notre entourage, notre vie…
- Arrêter les comparaisons, les jugements, les ruminations mentales…
- Avoir confiance en soi et en la vie.
- S'ouvrir aux imprévus, aux surprises, à ce qui se présente à soi…
- Observer et mettre une saine distance entre soi et ce qu'il se passe à l'extérieur (événements, personnes…).
- Sortir de l'illusion du mental.
- Se recentrer et retrouver son équilibre.

Comment trouver la motivation de changer ?

Comment pouvez-vous espérer que votre vie change si, au fond de vous, vous résistez au changement ou vous attendez que quelqu'un d'autre le fasse pour vous ?

Rien ni personne ne peut le faire à votre place. Vous êtes le seul et l'unique responsable de votre vie.

Pour moi, il existe un moyen infaillible pour trouver la motivation et la détermination nécessaires au changement et à l'apprentissage du lâcher-prise. Il s'agit d'y trouver un sens !

Posez-vous ces questions :

- *« Est-ce important pour moi de m'améliorer et d'évoluer ? »*
- *« Est-ce que je souhaite réellement me transformer et me libérer ? »*
- *« Suis-je prêt(e) à me faire confiance et à faire confiance à la vie ? »*

Si votre lâcher-prise a du sens, il sera beaucoup plus concret et fort, et vous réussirez à impulser plus rapidement les changements voulus.

À RETENIR

Quand je lâche prise, je me libère de mes propres chaînes.

Ma démarche

Pourquoi vous proposer des exercices chaque jour ? Car c'est ce qui a fonctionné pour moi. Mon intention première est de partager en toute simplicité avec vous ce qui m'a aidée et servi.

Tout l'intérêt de mon livre est de vous donner les « bonnes » clés pour que vous puissiez vous mettre en action !

Ce qui compte réellement, c'est l'ancrage ! C'est ancrer dans votre corps et votre esprit ces transformations, et pour ce faire, il vous faut réaliser et concrétiser ces changements par le biais d'exercices et d'expériences réelles.

J'ai choisi de vous proposer **un thème par jour**. Il y aura donc une série d'exercices autour du sujet abordé ainsi qu'une citation et un mantra magique ! C'est à vous de voir si vous préférez recopier le mantra magique du jour ou si vous préférez le répéter plusieurs fois dans la journée.

LE SAVIEZ-VOUS ?

Un mantra magique ? Quèsaco ?

Si vous ne le savez pas, un mantra est, dans l'hindouisme, le bouddhisme, une formule courte qui se compose d'une ou plusieurs syllabes, et qui est récitée de nombreuses fois de suite lors de méditations.

Puisque **la répétition est bénéfique dans l'apprentissage,** j'ai commencé, il y a quelques années, à écrire et réciter des « mantras magiques », des petites phrases qui allaient m'aider dans mon processus d'intégration. J'adore le faire car c'est une manière ludique d'apprendre. C'est pourquoi je vous proposerai également un mantra magique par jour en lien avec le thème abordé. J'espère que cela vous plaira !

Pourquoi 21 jours ?

Le cerveau a besoin d'un temps d'intégration pour adopter une nouvelle habitude. On ne peut pas se lever un matin et crier : « Tadam ! Voilà, c'est fait ! J'ai tout assimilé pendant la nuit ! »

Ancrer une nouvelle habitude signifie planter de nouvelles semences, les arroser chaque jour et puis laisser faire le temps et avoir confiance en sa floraison.

Le risque, en voulant aller trop vite, est de rester dans un apprentissage superficiel, non approfondi et surtout non abouti !

Il vaut mieux prendre le temps (même si ça vous paraît long) d'ancrer profondément vos nouvelles racines pour ne pas être ébranlé(e) (ou pire, déraciné(e)) dès la première rafale qui se présentera.

Chacun découvre, apprend, intègre et met en pratique à son propre rythme et il est primordial de le respecter.

Si par exemple vous voulez étaler les exercices sur plus de 21 jours pour intégrer plus doucement les apprentissages, libre à vous de le faire !

Le plus important est de vous écouter et de voir quelle cadence vous convient le mieux.

À RETENIR

Pour planter les graines d'une nouvelle habitude, on préconise souvent 21 jours. À partir de là, ce changement devient petit à petit un automatisme et non plus un exercice auquel il « faut » absolument penser chaque jour. Toutefois, il n'existe encore aucune étude scientifique à ce jour qui prouve l'efficacité de 21, 19 ou 23 jours.

Tout ce que je sais, c'est que pour créer une nouvelle habitude, il faut du temps, de la volonté et une pratique quotidienne.

Prendre la décision de « se changer » est un gros défi qui demande du courage et de la détermination.

Il y a un monde entre le fait de vouloir changer et passer véritablement à l'action. Parfois, on peut avoir le sentiment d'être bloqué(e), car on ne sait pas par où commencer et surtout on n'a aucune idée de comment faire !

Pour l'avoir expérimenté seule, je peux vous assurer que l'accompagnement est une aide précieuse, car cela vous booste ! Je vous propose ces exercices journaliers, ainsi que des citations et des mantras magiques, parce que je trouve que c'est une façon plus ludique d'aborder ce changement.
Nous sommes déjà assez entourés de stress dans la société actuelle, le but ici n'est pas de se mettre la pression pour se métamorphoser absolument du tout au tout ! Bien au contraire, il s'agit de s'offrir les moyens de le faire avec enthousiasme, joie et légèreté.
L'idéal est de continuer à appliquer tous ces petits exercices après les 21 jours pour que ces nouvelles habitudes deviennent de plus en plus un véritable état d'esprit, un nouveau mode de vie.
Vous verrez qu'au terme de ce livre, vous serez déjà littéralement transformé(e) ! Alors, êtes-vous prêt(e) ?

Mon carnet d'impressions et de ressentis

Je vous encourage à coucher sur papier ou dans un carnet d'accompagnement tout ce qui vous vient à l'esprit pendant ces 21 jours.

Outre le fait que certains exercices requièrent un support papier, il est important d'ancrer à travers l'écriture toutes vos prises de conscience, vos difficultés, vos impressions, etc.

- *Au cours de cette aventure, qu'avez-vous ressenti ? Qu'avez-vous compris et/ou appris ?*

- *Avez-vous perçu une différence dans votre façon de vivre vos journées ? dans votre façon de penser et de vous exprimer ? Quels exercices ou quelles journées ont été plus faciles ou difficiles à intégrer ?*

- *Quel a été l'impact le plus important sur vous ? Quel(s) changement(s) intérieur(s) avez-vous pu déjà remarquer ?*

- *Et au niveau de votre entourage, y a-t-il eu des changements ou des incidences ? Car, forcément, si vous avez changé, votre entourage l'aura remarqué. Parfois, ça se passe super bien, car l'autre est réceptif et ouvert au changement et à la nouveauté. Parfois, ça fait des étincelles, car ça vient chatouiller l'autre dans ses habitudes, ses peurs, etc.*

Quoi qu'il soit arrivé ou quoi qu'il arrive, félicitez-vous, car ce changement, vous l'avez voulu, vous ! Tout ce que vous aurez vécu vous servira dans votre évolution personnelle.
Je suis certaine qu'à la fin de cette aventure, vous aurez l'impression d'en sortir grandi(e) et vous vous sentirez plus en phase avec vous-même.

Vous pouvez donc vous munir d'un bloc-notes, d'un petit cahier, de votre ordinateur, bref, ce qui vous convient le mieux !

Pourquoi ? Parce que ces 21 jours (ou plus, si vous décidez de prolonger l'expérience) seront « transformateurs ». Vous allez remarquer qu'au fil du temps, et parfois au sein d'une seule et même journée, il y a énormément de changements, de prises de conscience. Des événements marquants vont se passer autour de vous.

L'écriture est un excellent moyen d'évaluer vos ressentis et vos impressions, c'est une très bonne façon de conscientiser tout ce qu'il se passe en vous.

EN RÉSUMÉ

- **Pour résumer, vous apprendrez à lâcher prise :**
  - en adoptant une nouvelle façon d'être, de penser et d'agir ;
  - en faisant fonctionner votre cerveau autrement ;
  - en 21 jours ;
  - au travers des exercices proposés dans la deuxième partie de ce livre.

« Un voyage de mille lieues commence toujours par un premier pas. »

Lao Tseu

Et voilà ! Le moment est arrivé ! Vous êtes sur le point de vivre 21 jours mémorables et transformateurs. Vous allez vous faire un magnifique cadeau !

Que la grande aventure commence !

2

21 JOURS POUR LÂCHER PRISE

JOUR 1

LÂCHER PRISE SUR LE PASSÉ ET SUR LE FUTUR

• CITATION

« Si tu es déprimé, tu vis trop dans le passé.
Si tu es anxieux, tu vis trop dans le futur.
Si tu es en paix, c'est que tu vis dans le présent. »

Lao Tseu

• MANTRA MAGIQUE

« Je tourne le dos à hier. J'embrasse et souris à aujourd'hui. J'ouvre mes bras à demain. »

Que faites-vous, là, en ce moment même ? Êtes-vous vraiment en train de profiter de votre lecture ou repensez-vous, par exemple, à l'altercation que vous avez eue l'autre jour avec un proche ?

Le passé

Avez-vous tendance à ressasser le passé ? Combien de temps et d'énergie dépensez-vous à vous remémorer des événements, des personnes ou des situations qui ne sont plus ?

Lorsque vous vous agrippez au passé, vous êtes bloqué(e) et figé(e) dans différents types de sentiments tels que la tristesse, le regret, la nostalgie, la déprime, la colère ou même le ressentiment.

Vous êtes comme emprisonné(e) dans ces tourments et vous êtes alors déconnecté(e) du présent.

Sachez que vous n'avez absolument aucun contrôle sur le temps qui passe et sur ce qui s'est passé. Vous ne pouvez pas changer le passé.

Faites donc de votre mieux pour lâcher prise en acceptant et en reconnaissant que rien ne peut plus être changé et revenez à l'instant présent. Ne laissez pas le passé gâcher votre existence.

À RETENIR

Il est tout à fait normal d'éprouver ces sentiments et vous serez amené(e) toute votre vie à jongler avec toutes ces émotions.

L'important est de pouvoir s'observer et d'identifier ces sensations pour qu'elles ne sabotent pas (trop longtemps) votre vie !

Le futur

Avez-vous tendance à imaginer le futur et à essayer de l'anticiper ou de le contrôler ? Combien de temps et d'énergie dépensez-vous à élaborer des scénarios par rapport à ce qui pourrait se passer ?

Lorsque vous restez projeté(e) dans l'avenir, vous êtes déconnecté(e) du présent.

Vous allez vous angoisser et donc générer de la peur, du trac, du stress et de l'appréhension.

Sachez que vous n'avez absolument aucun contrôle sur le temps qui passe et sur ce qui se passera.

Essayez donc de faire de votre mieux pour lâcher prise en acceptant et en reconnaissant que rien ne peut être contrôlé à l'avance et revenez à l'instant présent. Ne laissez pas le futur gâcher votre existence.

TRUCS ET ASTUCES

Respirez, examinez ce qui vous entoure, écoutez-vous, focalisez votre attention sur votre respiration et recentrez-vous !

Exercices

Le lancer de caillou

Allez vous promener près d'un étang, d'un lac ou de la mer. Pendant votre petite balade, faites attention à chacun de vos pas, regardez le sol. Repérez les cailloux ou les coquillages qui attirent votre attention et récoltez-les. L'important est d'en ramasser au moins un, car il vous servira pour votre exercice de lâcher-prise.

Lorsque vous aurez fini, allez vous asseoir au bord de l'eau, à un endroit où vous vous sentez à l'aise. Déposez devant vous votre récolte. Repensez à un (ou plusieurs) événement passé ou futur qui pollue votre quotidien. Cela peut être la dispute d'hier avec votre conjoint(e) ou l'entretien d'embauche de la semaine prochaine. Concentrez-vous sur chaque détail, laissez les émotions se manifester. Prenez le caillou ou le coquillage qui semble entrer en résonance avec l'événement auquel vous pensez.

Serrez-le dans la paume de votre main. Imaginez que tout ce que vous retenez, ressassez, appréhendez, toutes les émotions qui ont refait surface, absolument tout est littéralement happé par le caillou ou le coquillage. C'est comme si l'événement ainsi que tout ce qu'il génère n'était plus en vous mais dans le creux de votre main. Quand vous vous sentez prêt(e), levez-vous.

Regardez loin devant vous et jetez de toutes vos forces le caillou ou le coquillage ! (J'ajoute personnellement au lancer du caillou un bon gros cri qui vient des tripes, ça accompagne la délivrance !)

La libération par l'écriture

Lorsque vous ressassez trop une situation passée ou future, arrêtez-vous un moment, prenez une feuille de papier (2, 3, ou 10 !) et de quoi écrire. Ensuite, couchez sur papier tout ce qui vous passe par la tête. Absolument tout. Décrivez chaque détail. Osez écrire tout ce qui vient et ce qui sort. Surtout, ne vous relisez pas ! C'est important d'écrire tout d'une traite ! Et si au fur et à mesure, il y a d'autres événements qui viennent s'ajouter, continuez à écrire jusqu'au moment où vous vous sentirez « vidé(e) » !

Lorsque vous aurez fini, découpez vos feuilles en mille morceaux, déchaînez-vous, ça fait du bien ! Vous pouvez également choisir de les brûler (veillez à ne faire brûler que le papier et pas tout l'appartement !).

Vous sentez-vous vidé(e) et soulagé(e) ? Normal, vous avez lâché prise ! (N'hésitez pas à décrire vos ressentis dans votre petit carnet d'accompagnement, si vous le souhaitez !)

EN PRATIQUE

- **Vous ne pouvez pas changer le passé, mais bien votre attitude face à ce dernier.** Quel comportement pourriez-vous adopter dès aujourd'hui pour vous en libérer ? Souvenez-vous que vous avez toujours le choix de revenir dans l'instant présent !
- **Ne restez pas bloqué(e) dans le futur, votre vie se passe ici et maintenant !** D'ailleurs, comment vous sentez-vous ? Que ressentez-vous en cette première journée ? Quels changements vous seraient salutaires pour être moins souvent projeté(e) dans l'avenir ?

JOUR 2

LÂCHER PRISE SUR LE TEMPS

• CITATION

« Aujourd'hui est un cadeau :
c'est la raison pour laquelle on l'appelle le présent. »
Bil Keane

• MANTRA MAGIQUE

« L'instant présent est un enchantement. »

Si, hier, vous avez appris à lâcher prise sur le passé et le futur, qu'en est-il d'aujourd'hui ? Avez-vous tendance à être partout et nulle part à la fois ? Avez-vous l'impression par moments d'être perdu(e) dans vos rêveries ? Cette journée vous sera bien utile !

Le moment présent

Connaissez-vous *Le Pouvoir du moment présent* d'Eckhart Tolle ? Ce livre et cet homme ont révolutionné ma vie, moi qui étais dispersée partout dans cinquante mille dimensions et galaxies plutôt que dans le moment présent.

J'avais peur d'être dans l'instant T, car être pleinement dans l'ici et le maintenant, c'est se relier et être en contact direct avec soi-même. Encore une fois, je craignais ce qui allait justement me libérer. Parce qu'en fait, notre vie reprend sa juste dimension dans l'instant présent. On revient en son centre et on se connecte à son « être véritable ».

Dans l'instant présent, vous cessez d'être prisonnier(ère) de votre mental, de vos pensées et de tout le brouhaha environnant (famille, société, environnement…) et vous redevenez complètement libre. Car, comme l'explique Eckhart Tolle, le moment présent est sans douleur !

Que peut-il vous arriver de grave dans l'instant présent ? Rien !

Faites le test le temps d'une inspiration et d'une expiration.

Que s'est-il passé ? Rien, à part le fait de découvrir que vous pouvez goûter à la magie de la plénitude que contient une seconde !

À RETENIR

Essayez petit à petit de revenir à l'instant présent, pleinement conscient(e). Au début, les secondes pourront vous sembler longues, mais vous verrez que, très vite, vous aurez fait une des plus belles découvertes de votre existence.

Lorsque vous faites quelque chose pleinement dans l'instant présent, vous lâchez prise sur vos divagations spatio-temporelles !

Exercices

Écrire de la main opposée

Prenez une feuille et de quoi écrire. Si vous êtes droitier(ère), prenez votre stylo dans la main gauche et inversement, si vous êtes gaucher(ère), prenez votre stylo dans la main droite. Vous allez écrire :

« Je m'appelle (votre prénom) et je m'engage à apprendre à lâcher prise de manière ludique et créative. »

Essayez de vous concentrer un maximum sur chaque lettre, prenez tout le temps nécessaire afin d'écrire du mieux que vous pouvez. Cet exercice vous demande un tel effort d'attention et de concentration que vous ne pensez à rien. Vous êtes totalement absorbé(e) par le trait de votre stylo sur le papier, ici et maintenant.

L'action en pleine conscience

Choisissez une tâche parmi celles-ci : faire la vaisselle, passer l'aspirateur, se brosser les dents.

Personnellement, ce qui a le mieux fonctionné pour moi, c'est la vaisselle. Je vous propose donc cet exercice-là, mais c'est le même principe pour n'importe quelle tâche « manuelle ». Il s'agit d'observer attentivement chacun de vos gestes, tous les bruits et les sensations qui accompagnent cette tâche.

Mettez vos gants de vaisselle. Ressentez le frottement du caoutchouc sur chacun de vos doigts. En serrant les poings, vous vous rendez compte du contact de vos mains avec le latex. Maintenant posez votre attention sur le bruit de l'eau qui coule, arrivez-vous à y déceler un rythme ? D'une main, vous prenez l'éponge et de l'autre, le liquide vaisselle. Faites attention à la quantité que vous versez. Ensuite, prenez l'assiette, ressentez le contact avec vos doigts lorsque vous la serrez. Alors que vous nettoyez l'assiette, observez le mouvement de votre main, combien de fois frottez-vous de chaque côté ? Tout en rinçant l'assiette, posez votre attention sur la mousse qui s'en va délicatement. Ensuite, dépose-la sur l'égouttoir. Comptez combien de gouttes d'eau tombent de l'assiette.

Comment vous sentez-vous ? Savez-vous me dire à quoi vous avez pensé pendant l'exercice (à part son accomplissement) ? Combien de temps cela vous a pris ?
Impossible de me répondre ?

C'est normal ! Car vous étiez pleinement dans l'ici et le maintenant, déconnecté(e) de la notion de temps, à accomplir cette tâche dans le moment présent, complètement attentif(ve) à son exécution. Vous avez donc lâché prise sur la notion de temps, en revenant pleinement dans l'ici et maintenant sans aucun égarement spatio-temporel de votre esprit.

Vous sentez-vous différent(e) ?

Normal, vous venez de lâcher prise et de faire fonctionner votre cerveau différemment !

EN PRATIQUE

- **Aussi souvent que possible, faites le choix conscient de revenir dans l'ici et maintenant.** Durant la journée, posez-vous la question : Où suis-je ? Suis-je bien dans le moment présent ou suis-je déjà à la séance de cinéma de ce soir ?

- **Lâchez vos divagations. Ne prenez pas votre douche en vous imaginant déjà dans la salle de réunion, lavez-vous consciemment dans l'instant présent.** Observez la différence, que ressentez-vous quand vous êtes pleinement là ? Et si, à partir d'aujourd'hui, vous décidiez de vivre plus souvent dans le moment présent ?

JOUR 3

LÂCHER PRISE SUR LES PENSÉES

• CITATION

« Nous pouvons seulement être ce que nous pensons pouvoir être. Nous pouvons seulement avoir ce que nous pensons pouvoir posséder. Ce que nous faisons, ce que nous sommes, ce que nous avons, tout cela dépend de nos pensées. »

Robert Collier

• MANTRA MAGIQUE

« Quand je change mes pensées, ma réalité change. »

Avez-vous parfois l'impression d'atteindre un débit de mille pensées par seconde ? Oui ? Parfait ! Cette journée promet d'être intéressante, car elle est justement dédiée aux pensées.

Les pensées

Elles ont un effet déterminant sur votre vie, sur les événements qui vous arrivent mais également sur la vie des autres. Car si vous pensez de manière négative, cela va vous affliger directement, mais cela va aussi affecter les personnes de votre entourage et leurs réactions pourraient à leur tour contrarier d'autres individus, etc.

L'impact de vos pensées est donc énorme et dès que vous aurez pris conscience de cette puissance, vous pourrez vous changer et donc changer le monde autour de vous !

Lorsque vous lâchez prise sur vos pensées, vous pouvez les observer, les identifier et vous en libérer.

Souvenez-vous que c'est vous, et vous seul(e) qui choisissez et créez vos pensées.

Alors essayez de penser le plus souvent possible de manière positive et bienveillante. Et lorsque vous êtes assailli(e) de pensées négatives, essayez d'en sortir le plus rapidement possible et de ne pas les alimenter.

TRUCS ET ASTUCES

Vous avez l'impression que vous ne pouvez pas faire taire vos pensées ?

Commencez par accepter que vous pensez trop ! Car le premier pas, c'est l'acceptation et la prise de conscience !

Exercices

Briser l'agitation des pensées

Si vous voulez stopper le flux de vos pensées, là tout de suite, c'est possible ! Arrêtez tout, posez le livre. Prenez une grande inspiration, bloquez votre respiration. Essayez de rester en apnée un maximum (cela reste un jeu, ne mettez pas en péril votre santé !) et énumérez à voix haute et le plus vite possible tous les objets qui vous entourent ! 3, 2, 1, c'est parti !

Relâchez, reprenez votre souffle et respirez à nouveau normalement. Comment vous sentez-vous ? Il est agréable de se surprendre à pouvoir stopper net ses pensées, non ?

Les bulles de lâcher-prise

Asseyez-vous confortablement. Fermez les yeux. Posez votre attention sur votre respiration. Ressentez l'air qui rentre et sort de vos narines. Vous pouvez également mettre vos mains sur votre ventre. Percevez comme il se gonfle à l'inspire et se dégonfle à l'expire. Continuez à respirer calmement jusqu'à ce que vous vous sentiez détendu(e).

Lorsque vous êtes prêt(e), repensez à quelque chose qui vous préoccupe, à un événement qui vous fait peur ou à une personne qui vous a blessé(e)... Vous ressentez comme les pensées négatives arrivent petit à petit ?

Maintenant je vais vous demander de prendre une grande inspiration et de souffler par la bouche, tout doucement.

Et en soufflant, imaginez qu'une grosse bulle sort de votre bouche. Dans cette bulle, il y a toutes les pensées négatives auxquelles vous étiez accroché(e). Au fur et à mesure que vous soufflez, la bulle devient de plus en plus grande, elle se remplit de toutes vos pensées.

Lorsque vous aurez fini de souffler, observez cette bulle qui se trouve devant vous. Elle est maintenant hors de vous, vous l'avez expulsée. Petit à petit, elle commence à bouger, elle s'éloigne et s'envole loin dans le ciel. Elle a disparu.

Respirez calmement et laissez votre bouche esquisser un beau sourire.

Ouvrez les yeux, vous vous sentez léger(ère) ? Normal, vous venez de lâcher prise sur vos pensées.

EN PRATIQUE

- **Rappelez-vous que vos pensées sont créatrices !** Qu'avez-vous envie de créer dans votre vie ? Est-ce que cette journée vous a aidé(e) à lâcher le trop-plein de pensées ? Remarquez-vous plus facilement quand vous pensez de manière négative ou positive ?
- **La méditation est une aide précieuse pour calmer le flux des pensées.** N'hésitez pas à coucher sur le papier les pensées qui vous polluent avant de méditer. Cela rendra votre moment encore plus relaxant et léger !

JOUR 4

LÂCHER PRISE SUR LE MENTAL

• CITATION

« La plus grande partie de la souffrance humaine est inutile. On se l'inflige à soi-même aussi longtemps que, à son insu, on laisse le mental prendre le contrôle de sa vie. »

Eckhart Tolle

• MANTRA MAGIQUE

« Mon mental est un instrument utile quand je l'utilise à bon escient. »

À la différence des pensées, le mental est à la base un outil qui, comme je vous le disais dans la première partie, est très important car il nous permet d'organiser, de ranger, de réfléchir, de calculer, de lire, etc. Mais… C'est tout !

Le mental

Malheureusement, le mental est parfois un sacré « filou » (« em*deur » serait plus correct !), car il peut nous conditionner, modifier nos sensations et nos émotions. Il peut également nous plonger dans l'illusion et la distorsion de la réalité.

Apprenez donc à faire en sorte qu'il ne prenne pas le dessus. Faites-le taire quand il devient trop bruyant et n'hésitez pas à le remettre à sa place ! (Les insultes sont autorisées ! En tout cas, moi, ça me soulage parfois !)

On ne peut pas faire taire le mental en s'opposant à lui ou en l'ignorant. Il vaut mieux le reconnaître, l'apprivoiser et ensuite s'en libérer.

LE SAVIEZ-VOUS ?

Cette petite voix autoritaire, ce Schtroumpf à lunettes qui vous dicte souvent certaines choses, qui vous juge, vous et les autres, etc., c'est aussi une manifestation de votre mental qui essaie de prendre le contrôle !

Exercices

Quel est votre animal sauvage ?

Dans certaines traditions orientales, le mental est souvent comparé à un singe sauvage qui s'agrippe fermement à sa branche. Il entre dans une telle colère si on essaye de lui faire lâcher sa branche qu'il en devient ingérable. Il a tellement peur qu'il ne « lâche prise » que lorsqu'il est certain de trouver une autre branche assez solide pour continuer son chemin.

Et si vous imaginez un animal correspondant à votre mental ? Est-ce un tigre, un cheval, un loup ou un ours ? Comment se comporte-t-il (votre mental) ? Est-il apeuré, furieux, affamé, déchaîné ? Lorsque vous êtes perdu(e) à cause d'un mental trop présent, voyez-le comme un animal à dompter et à apprivoiser. Vous verrez, cela aide à mettre une distance, à ne plus s'identifier à son mental et à pouvoir, enfin, souffler !

Le conducteur ou le chef d'orchestre, c'est vous !

Voici une technique de visualisation que vous pouvez appliquer lorsque vous vous sentez tiraillé(e) par votre mental. Imaginez que vous êtes au volant d'une voiture. Votre mental n'est pas le maître à bord, il n'est que passager ! Il a sa place, certes, mais c'est vous qui conduisez votre vie, c'est vous qui gérez les vitesses, etc. Pas lui !

Et si vous n'êtes pas adepte du volant, vous pouvez également vous imaginer en grand chef d'orchestre et visualiser votre mental comme un instrument parmi les autres. C'est vous qui dirigez l'orchestre, c'est vous qui tenez la baguette et qui donnez les ordres aux instruments. Pas l'inverse.

Avez-vous l'impression d'être plus en phase avec vous-même ? Ressentez-vous un calme intérieur ?

C'est normal, vous venez de lâcher prise sur votre mental et son emprise !

EN PRATIQUE

- **Ce petit juge ou cet animal sauvage, ce n'est pas vous. Vous n'êtes pas votre mental !** D'ailleurs, avez-vous pensé à lui donner un petit nom ? Ça aide pour lui parler directement ! Soyez inventif(ve) et lâchez-vous ! Comment vous sentez-vous lorsque vous réalisez que vous pouvez le dompter ?

- **Libérez-vous de l'emprise illusoire de votre mental, ce n'est qu'un outil.** Et si vous alliez là, maintenant, prendre quelques grandes respirations dehors pour vous reconnecter complètement avec vous-même ? L'air frais et le vent balayent d'un coup sec votre mental qui voulait s'inviter et vous êtes à présent seul(e) à savourer ce moment de quiétude.

JOUR 5

LÂCHER PRISE SUR LES CROYANCES

• CITATION

« J'ai toujours recommandé à mes élèves de ne pas croire un mot de ce que je leur dis et de tout vérifier par eux-mêmes. »

Konrad Lorenz

• MANTRA MAGIQUE

« Le premier pas vers ma réussite est de croire en moi. »

Vous êtes déjà presque à un quart de votre parcours ! Cela mérite bien une petite tape d'auto-encouragement sur votre épaule, un grand « yes ! » devant votre miroir ou pour ceux qui avaient des doutes : « Eh bien tu vois, toi qui ne croyais pas trop au lâcher-prise, tu en fais l'expérience ! Bravo ! »

D'ailleurs, c'est exactement sur cela que nous allons travailler aujourd'hui : les croyances !

Les croyances

Selon le *Larousse*, il s'agit du « fait de croire à l'existence de quelqu'un ou de quelque chose, à la vérité d'une doctrine, d'une thèse ». Je suis en partie d'accord, car pour moi il y a une différence entre croyance(s) et vérité(s), comme nous l'avons vu avec les fausses et vraies croyances de la première partie.

Dès aujourd'hui, vous pouvez lâcher prise consciemment sur certaines croyances que l'on vous a imposées. Vous pouvez décider de différencier votre réalité, votre vérité et vos croyances de celles des autres.

Vous êtes le (la) seul(e) qui puissiez savoir si vos pensées sont véridiques ou si ce sont des croyances. Par exemple : « je suis frileux(se) » (c'est vrai, j'ai souvent froid) et « je suis nul(le) » (ce n'est pas vrai, je ne le suis pas mais, par manque de confiance, je le crois). Ne laissez donc rien ni personne décider à votre place, votre vérité est en vous.

Ne gâchez plus votre vie à cause de croyances superflues, elles ne font que vous alourdir et vous éloigner de votre être véritable.

À RETENIR

En lâchant prise sur certaines de vos croyances, vous pourrez arrêter également de jouer des « rôles » (victime, bourreau, sauveur) et revenir à plus d'authenticité.

Exercices

Réalité ou illusion ?

Prenez une feuille de papier ou utilisez votre cahier d'accompagnement. Répondez à ces trois questions : En qui et en quoi croyez-vous ? Depuis quand ? Et pourquoi ?

Essayez d'identifier au moins deux personnes et puis deux préceptes, enseignements ou valeurs.

Quels sont vos ressentis ? Y a-t-il des enseignements ou des personnes en qui vous croyez sans savoir vraiment pourquoi ? Ou peut-être que vous n'êtes plus sûr(e) de vraiment y croire ?

Au fur et à mesure de l'exercice, vous vous rendrez compte qu'il y a plusieurs types de croyances, comme nous en avons déjà parlé. Les croyances liées à la culture, aux valeurs, à l'éducation, etc. Les croyances « imposées » par la société, la religion, l'éducation, etc. Les « fausses » croyances ou les croyances « limitatives », etc.
Le fait de pouvoir différencier ces différentes catégories vous apporte un nouveau regard, vous permet de mettre une certaine distance et de vous en détacher.

Et le gagnant est...

Reprenez votre liste et ajoutez une personne très importante que vous avez sans doute oubliée. Laquelle ?

VOUS ! Oui, oui, vous ! Ça bloque ? Vous sentez-vous mal à l'aise en écrivant votre prénom ? C'est normal, ce n'est pas évident de croire en soi, mais vous êtes en chemin et ça, c'est le plus important !

Posez-vous ces questions : Qu'est-ce qui s'est passé dans votre vie pour que vous perdiez cette foi en vous ? Avez-vous été blessé(e) ? Par qui ? Par quoi ?

Qui vous a dit que vous n'étiez pas capable ? Que vous n'étiez pas assez bien ? Trop « ceci » ou pas assez comme « cela » ?

Ce sont des croyances, ce n'est pas la réalité.

Vous pourrez vous sentir un peu perdu(e) et désorienté(e). Normal, vous êtes en train de lâcher prise sur des croyances (petites ou grandes) qui ont façonné votre existence. Laissez-vous du temps et allez-y doucement. Le premier pas vers la libération est de s'en rendre compte, d'en devenir conscient(e) et ce pas, vous l'avez fait !

EN PRATIQUE

- **Votre vérité, vous la détenez en vous. Alors, faites-lui confiance et écoutez-la !** Avez-vous décelé aujourd'hui des fausses croyances ou des illusions dans lesquelles vous étiez bloqué(e) ? Même si la prise de conscience peut être bouleversante, réjouissez-vous car vous venez de vous libérer et de vous dépolluer. Par conséquent, vous allez créer de l'espace pour ce qui est vrai pour vous !
- **Faites preuve de discernement et veillez à différencier croyances et réalité.** Aviez-vous tendance à être facilement influençable ? Parfois, par manque de confiance en soi, on pense (à tort !) qu'il vaut mieux croire les autres plutôt que soi-même. Lâchez cette ancienne croyance ! Suivez votre ressenti, ayez confiance en votre faculté de discernement et surtout croyez en vous !

JOUR 6

LÂCHER PRISE SUR LES ÉMOTIONS

• CITATION

« La raison pour laquelle nous souffrons d'une émotion n'est pas pour l'émotion elle-même, mais bien pour notre résistance face à cette émotion. »

Teal Swan

• MANTRA MAGIQUE

« Je suis chaque jour à l'écoute de mes émotions. »

Et si je vous disais qu'aujourd'hui, vous pouviez exprimer une émotion en toute liberté, en vous lâchant complètement ? Que feriez-vous ? Hurler de colère ? Pleurer à gros sanglots ? Éclater de joie ? Imaginez-vous ! Et puis, pourquoi ne pas le faire, là maintenant ?

Les émotions

Nous pensons parfois, à tort, que nos émotions sont des contraintes, des dangers ou des faiblesses. Combien de fois nous arrive-t-il de vouloir les contrôler, les enfouir et les empêcher de se manifester ? Si je n'avais qu'un conseil, ce serait de vous dire de les écouter, de les laisser remonter et surtout de ne pas les réprimer, car les conséquences sur votre santé mentale et physique sont colossales !

Ce sont d'excellents guides et messagers qui vous éclairent quotidiennement sur votre état (conscient et inconscient).

Comme vous le savez, il existe une multitude d'émotions différentes. Certaines prennent plus de temps pour être assimilées (on ne se remet pas d'un deuil en une semaine !), soyez donc indulgent(e) envers vous-même et prenez le temps qu'il vous faut.

Lorsque l'on parle de lâcher prise sur les émotions, il s'agit de lâcher une sorte d'apitoiement, de blocage, de résistance et parfois même d'identification. **En lâchant, vous pourrez ainsi reconnaître les émotions, les accepter, les vivre et enfin les transcender.** Et bien sûr, souvenez-vous : vous n'êtes pas vos émotions.

En gros, ne restez pas trop longtemps paralysé(e) par ces dernières, car ce serait continuer à vous faire du mal et vous risqueriez d'être bloqué(e) à différents niveaux de votre vie.

TRUCS ET ASTUCES

N'ayez pas peur de vos émotions et surtout ne craignez pas la réaction des autres. Laissez-les s'exprimer et se manifester. Osez pleurer, crier, éclater de rire, jurer, etc. ! Faites sortir l'émotion en vous afin qu'elle ne vous consume pas !

Exercices

Lâcher l'objet

Choisissez un petit objet (qui n'est pas fragile et qui ne casse pas !). Il doit être assez petit pour pouvoir tenir dans la paume de votre main. Cet objet représente une émotion. Choisissez celle que vous ressentez en ce moment. Est-ce de la colère, de la tristesse ou de la peur ? Serrez fort votre objet. Ressentez la gêne que cela procure. Maintenant, essayez de reprendre ce que vous faisiez avant l'exercice, tout en gardant l'objet serré dans le creux de votre main. Cela vous handicape ? Cela vous empêche de faire ce que vous voudriez accomplir ? Cela vous fait mal ?

Tendez votre bras. Retournez votre poing vers le sol et ouvrez votre main. L'objet tombe. Vous avez lâché l'émotion et tout le mal que vous vous faisiez en gardant l'objet si serré dans la main. Prenez un moment pour ressentir le soulagement dans votre main et dans votre être tout entier. Si cela peut vous aider, vous pouvez également coucher sur papier vos impressions afin de clôturer complètement l'exercice.

La méditation de la douche

Lorsque vous prenez votre douche, imaginez que l'eau vient purifier toutes vos émotions négatives. Au fur et à mesure que vous vous savonnez et que l'eau coule sur tout votre corps, ressentez que vous vous lavez littéralement de toutes ces émotions qui vous sont néfastes. Regardez l'eau qui s'écoule dans la baignoire et visualisez vos peurs, colères, tristesses disparaître également.

Vous sentez-vous plus apaisé(e) et soulagé(e) ? Normal, vous venez de lâcher prise sur les émotions qui vous blessaient et vous bloquaient.

EN PRATIQUE

- **Ce qui fait le plus mal, c'est de rester accroché à une émotion. Alors, exprimez-la, libérez-la et puis, passez à autre chose !** Avez-vous fait l'exercice que je vous suggérais en début de journée ? Avez-vous osé crier, hurler ? Pas, encore ? Allez-y ! Défoulez-vous !
- **Vous n'êtes pas vos émotions. Vous les ressentez, c'est différent.** N'hésitez pas à les vivre pleinement, à vous laisser littéralement traverser par elles. Rappelez-vous, nous sommes des êtres humains dotés d'émotions !

JOUR 7

LÂCHER PRISE AU TRAVAIL ET AVEC LES COLLÈGUES

• CITATION

« La seule façon de faire du bon travail est d'aimer ce que vous faites. Si vous n'avez pas encore trouvé, continuez à chercher. »

Steve Jobs

• MANTRA MAGIQUE

« Mon métier peut définir une partie de ce que je fais mais pas qui je suis. »

Aujourd'hui, vous allez découvrir comment faire définitivement la paix avec votre travail et vos collègues ! Oui, oui, tout est possible quand on lâche prise.

Le travail et les collègues

Qui, au boulot, n'a jamais essayé de s'attirer toute la sympathie de son patron et de ses collègues ? C'est normal. Mais bien souvent les choses ne se passent pas forcément comme on les avait prévues. Vous avez sûrement déjà eu des frictions et des problèmes au travail.

Essayez de répondre à ces questions : êtes-vous responsable de la manière de vivre et de se comporter de votre patron ou de votre collègue ? Êtes-vous responsable de leur malheur ou de leur bonheur ? Vous pouvez évidemment être touché(e), affecté(e), mais pas vous sentir responsable.

La façon dont un certain collègue devrait se comporter ne regarde que lui. Par exemple, ce n'est pas parce qu'il vous semble distant qu'il a forcément un problème avec vous. Peut-être est-il tracassé par quelque chose de personnel ou tout simplement extrêmement concentré dans ses tâches ! Vous, vous êtes responsable de votre travail, de votre champ d'action et de votre organisation, pas de celles des autres.

C'est pourquoi **il est très important de pouvoir mettre une distance et d'oser s'exprimer et dire les choses.** Tout comme les émotions, ce que l'on réprime s'imprime. Le surmenage et les non-dits peuvent s'imprimer si profondément que cela crée des *burn out*, etc. Soyez donc vigilant(e) et à l'écoute de vos ressentis ! Petit rappel : lâcher prise, c'est savoir lâcher ce qui nous affecte.

Vous pouvez y mettre toute votre bonne volonté, il y a de fortes chances qu'avec certaines personnes ça ne se passe pas comme vous auriez aimé.

Lâchez prise sur vos relations au travail, vous avez déjà une famille et des vrais amis en dehors.

Si vous lâchez la volonté de contrôler un rapport amical et/ou plus intime, et que vous accueillez plutôt vos collègues tels qu'ils sont, sans aucune attente ni jugement, le travail se fera de façon plus harmonieuse.

À RETENIR

Il y a une énorme différence entre la réalité telle qu'elle est et telle que nous voudrions qu'elle soit !

Exercices

La tour de Babel

Imaginez que vous construisez une tour. Brique par brique, vous la bâtissez. De quelle couleur est-elle ? Les fondations sont-elles assez solides ? Maintenant, visualisez-vous au sommet de la tour. Vous vous penchez légèrement et vous apercevez au loin vos collègues qui, eux, sont restés au pied de la tour et ne peuvent pas y entrer. Ils sont minuscules, on dirait des fourmis ! Vous devinez leur agitation mais vous n'entendez rien, car vous êtes au calme et protégé(e) dans votre tour. Les tensions et les problèmes en bas ne vous touchent plus et ne vous atteignent plus. Retournez dans votre tour autant de fois que nécessaire.

Le film en 3D

Où sont vos lunettes spéciales pour les effets spéciaux en 3D ? La séance du jour va commencer !

Vous allez voir quel film aujourd'hui ? La comédie dramatique « Mon patron fait un caca nerveux car il ne trouve plus son dossier » ou le film apocalyptique « Jacques est en panique car les ventes sont désastreuses » ? Vous n'êtes pas le réalisateur (ni le responsable) de ces films, prenez votre place de spectateur. L'humour et l'imagination sont cruciaux pour lâcher prise et sont de puissants alliés au travail quand les situations sont vraiment difficiles.

Vous sentez-vous plus serein(e) et joyeux(se) ? Normal, vous avez lâché prise avec imagination et humour !

EN PRATIQUE

- **Rappelez-vous que vous faites un travail. Vous n'êtes pas un travail !** Que pourriez-vous changer dans votre attitude dès aujourd'hui pour rééquilibrer votre relation au travail ?
- **Optez pour la joie et la bonne humeur tout en prenant vos responsabilités et pas celles de vos collègues et/ou de votre patron.** Avez-vous tendance à être le clown de service ou le rabat-joie de l'équipe ? Essayez-vous à plus d'imagination et d'humour, ça fait tellement de bien !

JOUR 8

LÂCHER PRISE SUR LES RELATIONS ET LES AUTRES

• CITATION

« Votre temps est limité, ne perdez pas votre temps à vivre la vie de quelqu'un d'autre ! »

Steve Jobs

• MANTRA

« Je suis responsable de ce que je te dis,
pas de ce que tu veux entendre et comprendre. »

Maintenant que vous avez appris à lâcher prise avec vos collègues, vous avez les clés pour étendre cette attitude à tout type de relations !
Et si on lâchait l'idée reçue (désolée, Voltaire…) qui dit que « le malheur des uns fait le bonheur des autres » ? Pourquoi ne pas proposer une variante du genre : « Le bonheur des uns fait le bonheur des autres » ? Comment résonne cette citation en vous ?

Les relations

Autorisez-vous le bonheur et ne vous sentez pas coupable ! Le fait de vous sentir mal d'avoir un frigo rempli ne remplira pas par magie le frigo de votre voisin. Soyez plutôt dans la gratitude de ce que vous avez.

Si votre ami est triste, rappelez-vous que cette émotion ne vous « appartient » pas. Vous pouvez l'aider et le soutenir, mais vous n'êtes pas le « porteur » de cette émotion, c'est la sienne. Vous l'avez peut-être provoquée, mais c'est lui qui est responsable de sa réaction émotive. Si vous voulez vraiment aider votre ami, lâchez prise sur *sa* tristesse et concentrez-vous sur votre propre ressenti, en choisissant l'attitude et les mots adéquats.

Vous ne pouvez pas forcer quelqu'un à guérir, à évoluer ou à changer. De même que vous ne pouvez ni lâcher prise à la place de quelqu'un ni demander à une personne de lâcher prise pour vous ! Recentrez-vous sur vos véritables responsabilités : vos actions, vos paroles et vos pensées.

La seule personne que vous pouvez changer, c'est vous. Si vous changez pour vous améliorer, votre entourage et votre environnement en bénéficieront ! Ainsi, les autres pourront peut-être changer eux aussi.

À RETENIR

Pour pouvoir vivre en harmonie avec les autres, il faut d'abord pouvoir le faire avec soi.

Exercices

Le miroir

Prenez une feuille de papier ou votre cahier d'accompagnement et répondez à ces questions : qui est-ce qui vous a le plus agacé aujourd'hui ? Pas moi, j'espère ! Mais si c'était le cas, pourquoi ? Qu'est-ce que je suis venue remuer en vous qui refait surface et qui vous dérange ?

Qu'est-ce qui vous a énervé ? Lorsque vous décrivez votre irritation, arrivez-vous à identifier la différence entre ce que la personne a dit et/ou fait et votre réaction à vous ? Bien souvent, nous tenons pour responsables certaines personnes, alors que nous sommes les seuls responsables de nos réactions. Observez l'effet miroir que cela provoque. C'est-à-dire pourquoi êtes-vous irrité(e) par certaines attitudes ? Qu'est-ce que ça vient réveiller en vous ? Des manques, des blessures ? En identifiant la cause, vous lâchez prise sur l'autre et vous vous libérez par conséquent tous les deux.

La métaphore de la boue

Imaginez que vous êtes en balade dans la nature. Votre ami s'écarte du chemin et disparaît. Soudainement, il vous appelle car il est tombé dans un petit fossé et se retrouve coincé dans la boue. Que faites-vous ?

Si vous décidez de descendre le chercher, vous serez à votre tour dans la boue. Vous serez coincés tous les deux.

Pensez plutôt à aller chercher un long bâton et restez en hauteur sur la terre ferme. Avec un ancrage solide, vous pourrez lui tendre le bâton et votre ami pourra s'en sortir tout seul grâce à votre aide.

Autrement dit, lorsque quelqu'un de votre entourage va mal, vous n'êtes pas obligé(e) de descendre dans son mal-être avec lui. Votre aide n'en sera que plus forte si vous restez dans votre énergie, aligné(e) et centré(e).

Si vous ressentez un sentiment de légèreté et de tranquillité, c'est normal, vous ne portez plus sur vous le poids des autres, vous venez de lâcher prise.

EN PRATIQUE

- **Votre relation la plus importante est celle que vous entretenez avec vous-même.** Quel type de relation avez-vous avec vous-même ? Êtes-vous plutôt votre meilleur(e) ami(e) ou votre pire ennemi(e) ? Optez pour une relation harmonieuse, car après tout, vous allez rester avec vous-même tout le reste de votre vie !

- **Vous pouvez offrir votre aide si on vous la demande, mais vous ne pouvez pas sauver les gens malgré eux.** Qu'avez-vous appris à la lecture de cette journée ? Vous êtes-vous rendu compte que vous aviez parfois tendance à vouloir contrôler l'autre (même pour son bien) ? Lâchez cette volonté d'aider et de sauver l'autre à tout prix. Vous en sortirez tous les deux libérés !

JOUR 9

LÂCHER PRISE SUR LES PRIORITÉS

• CITATION

« Les choses qui importent le plus ne doivent pas être à la merci de celles qui importent le moins. »

Johann Wolfgang von Goethe

• MANTRA MAGIQUE

« À partir d'aujourd'hui, je m'inclus dans mes priorités. »

Aujourd'hui, vous allez déceler ce qu'est vraiment une priorité, à commencer par vous ! Oui, vous, là, qui êtes déjà à plus d'un tiers du parcours !

Les priorités

Planifiez un moment de la journée pour vous et rien que pour vous. Impossible entre le boulot, les enfants, les courses, les activités extrascolaires, et puis… STOP ! Prenez vraiment un temps d'arrêt et faites une liste des priorités. Vous en êtes une, et vous devriez d'ailleurs être votre priorité n° 1 !

Qui vous impose de vous investir autant ? Qui vous met la pression ? Est-ce vraiment urgent ? Est-ce vraiment nécessaire ?

Par exemple, imaginez que vous privilégiez une pause de 20 minutes cette après-midi pour vous plutôt que de vous agiter en cuisine pour le repas du soir. Y aura-t-il mort d'homme ? Non, juste des pâtes au menu, plutôt qu'un rôti de veau !

Lâchez prise sur ce qui n'est pas vraiment une priorité et parsemez vos journées de petits moments pour vous ! Vous êtes votre priorité ! Votre corps et votre esprit ont besoin de se ressourcer.

Comment savoir ce qui est prioritaire et ce qui ne l'est pas ? Apprenez à faire la différence entre urgent et important ; la différence entre flexible et rigide ; différenciez les priorités de la journée, de la semaine, du mois. En lâchant prise sur ce qui est superflu, vous vous sentirez plus léger(ère) et serein(e) ! Allez-y, commencez dès maintenant à déceler les « fausses » priorités qui vous polluent !

À RETENIR

Prenez chaque jour un temps pour vous. Que ce soit 5 minutes de relaxation ou de méditation dans les toilettes du boulot, aller à un cours de yoga, faire du sport ou vous offrir une pause gourmande en tête à tête avec un éclair au chocolat !

Exercices

La méditation aux bulles de savon

Aujourd'hui, je vous invite à prendre un bain… en pleine conscience. Regardez votre montre. Prenez minimum 15 minutes, 15 précieuses minutes pour vous et rien que pour vous.

Avant de fermer la porte de la salle de bains, assurez-vous de ne pas être dérangé(e). Avez-vous mis votre téléphone en silencieux ou en mode « avion » ? Avez-vous laissé vos tracas et vos préoccupations dehors ? Bien. Vous pouvez fermer la porte.

Versez une dose de bain moussant dans votre baignoire, car il faut que ça mousse ! Pendant que l'eau coule, déshabillez-vous lentement. Retournez-vous. La baignoire vous tend les bras, la mousse forme des nuages blancs, chauds, légers, prêts à vous câliner ! Entrez doucement et ressentez l'eau chaude et la mousse venir vous envelopper complètement.

Prenez une grande inspiration, puis expirez par la bouche. Soufflez tout le négatif, tout ce qui vous a blessé ou énervé dernièrement. Faites-le trois fois et puis reprenez une respiration normale.

Posez votre attention sur vos pieds. Comment les sentez-vous ? Fatigués d'avoir couru partout aujourd'hui ? Vous pouvez les détendre, maintenant c'est le bon moment.
Petit à petit, portez votre attention sur chaque membre, en partant des pieds pour arriver jusqu'à la tête.

Concentrez-vous sur votre visage. Avez-vous la mâchoire serrée ? Détendez-la, détendez votre front, vos joues, vos yeux…

Fermez les yeux et ancrez en vous cette sensation de calme et de bien-être… Respirez profondément.

Lorsque vous le souhaitez, ouvrez doucement les yeux et prenez un moment pour revenir à vous, avant de sortir de votre bain. Puis, reprenez lentement vos activités, en essayant de garder un maximum de temps cette sensation de quiétude totale que vous venez de vous offrir.

Le tableau magique

Voici un tableau qui vous aidera à prioriser. En le complétant, vous vous rendrez compte que, parfois, il y a moins de choses urgentes et importantes que vous le pensiez. Respirez et lâchez !

Priorités	
Important & urgent	Important & pas urgent
Pas important & urgent	Pas important & pas urgent

Vous avez l'impression d'être moins fatigué(e) et stressé(e), de moins courir partout ? Normal, vous avez lâché prise sur l'inutile et le superflu et identifié ce qui est réellement une priorité.

EN PRATIQUE

- **Votre priorité est de vous ressourcer tous les jours ! Qu'importe si c'est 5 minutes ou 1 heure, l'important est que vous le fassiez quotidiennement.** Alors, qu'avez-vous fait aujourd'hui ?

- **Apprenez à identifier ce qui est réellement important, priorisez consciemment.** Quelle « fausse » priorité pouvez-vous lâcher dès maintenant, créant ainsi du temps pour faire du sport, lire, écrire, voir un ami, etc. ?

JOUR 10

LÂCHER PRISE SUR LES TÂCHES

• CITATION

« À force de sacrifier l'essentiel pour l'urgence, on finit par oublier l'urgence de l'essentiel. »

Edgar Morin

• MANTRA MAGIQUE

« J'apprends à mieux déléguer et je me sens léger(ère). »

Aujourd'hui, soyez prêt(e) à dire officiellement adieu à toutes vos to do lists superflues !

Les tâches

Avez-vous parfois l'impression d'accomplir trop de tâches ? Pourquoi vous imposez-vous d'en exécuter tellement ? Souvent, c'est parce que vous voulez bien faire, être serviable. Vous pensez que vous irez plus vite que les autres, vous avez votre propre façon de faire, etc. Apprendre à déléguer peut sembler difficile, mais cela allège tellement !

Essayez de lâcher prise sur les tâches que vous pensez être absolument obligé(e) d'effectuer.

Souvenez-vous que vous n'êtes pas « indispensable ». Vous n'avez pas besoin d'être là pour tous et partout à la fois. Ne vous mettez pas trop de pression et acceptez que d'autres puissent tout aussi bien remplir les mêmes tâches que vous.
Lâcher ces vieilles habitudes, ces « contraintes », procure un apaisement profond. Vous vous sentez également plus libre, car vous avez forcément plus de temps à votre disposition.

ATTENTION !

Pour pouvoir s'en remettre aux autres, il faut apprendre à appliquer la règle d'or : faire confiance aux autres !

Apprenez également à déléguer les bonnes tâches aux bonnes personnes. L'important est d'être précis sur le résultat, la finalité.

Lorsque vous fonctionnez de cette façon, vous rétablissez un rapport d'égal à égal avec la personne qui vous aide. Vous lui laissez la liberté de faire la tâche comme elle le souhaite et vous, vous lâchez prise sur l'exécution de la tâche, sur le « comment », et vous accueillez ainsi la « finalité ».

Exercices

Le tableau magique

Reprenez le tableau du jour 9. Je vous invite maintenant à adapter cette liste par rapport à l'endroit où vous vous trouvez. Inutile d'avoir la liste des tâches du boulot sur le frigo dans votre cuisine ou la liste des courses au bureau !

On a tendance à oublier que le stress est également dû à un manque d'organisation ! Respirez, lâchez et n'encombrez pas votre environnement de listes superflues.

Tâches	
Important & urgent	Important & pas urgent
Pas important & urgent	Pas important & pas urgent

Changez de disque !

Apprenez à lâcher de temps en temps votre manière de faire à vous. Même si vous pensez que c'est la meilleure façon d'accomplir une tâche, ouvrez-vous à d'autres options. **Changez de disque et accueillez de nouvelles alternatives.**

Avez-vous l'habitude de refaire les lits ? De faire la liste des courses ? De cuisiner ? Choisissez une tâche que vous avez l'habitude d'accomplir et déléguez-la à votre enfant, votre conjoint(e), un ami, etc.

Par exemple, laissez votre fille de 8 ans refaire les lits. Ayez confiance en elle, laissez-la faire comme elle le souhaite et vous irez voir les lits quand elle aura fini. Pendant ce temps-là, vous êtes libre de faire autre chose. De plus, votre fille sera contente d'effectuer la tâche seule, comme une « grande ».

Vous pensiez devoir faire mille et une choses avant d'aller vous coucher ce soir et vous vous rendez compte que tout est déjà fait ? Normal, vous avez lâché prise sur vos tâches et vous avez appris à mieux déléguer ! Allez-y, profitez !

EN PRATIQUE

- **Apprenez à déléguer en confiance !** Si c'est difficile pour vous, allez-y graduellement. Commencez par des petites tâches à déléguer et lâchez vos appréhensions !
- **Lâchez prise sur les détails de l'exécution et accueillez le résultat final.** Qu'avez-vous réussi à déléguer aujourd'hui ? Comment vous sentez-vous ? Était-ce vraiment si difficile ?

JOUR 11

LÂCHER PRISE SUR LES DIKTATS DE LA SOCIÉTÉ

• CITATION

« Le succès n'est pas la clé du bonheur. Le bonheur est la clé du succès. Si vous aimez ce que vous faites, vous réussirez. »

Albert Schweitzer

• MANTRA MAGIQUE

« Quel que soit le message véhiculé par la société, je fais toujours confiance à ma faculté de discernement. »

Vous êtes déjà à la moitié du parcours ! Comment se passe l'aventure jusqu'ici ? J'imagine que ça peut secouer par moments, mais vous apprenez à lâcher prise à plein de niveaux différents ! D'ailleurs aujourd'hui, on parle société !

Les contraintes

C'est parfois très difficile mais il est impératif pour votre bien-être de trouver un équilibre entre les contraintes extérieures et vos propres besoins.

Soyez vigilant(e) face aux modèles sociaux qui sont parfois (voire souvent !) surréalistes. Ce n'est pas parce que la société vous dit quelque chose que c'est forcément vrai et bon pour vous.

À force d'être aveuglé par certains modèles imposés, on tombe dans une dévalorisation de soi (une personne qui n'est pas assez ambitieuse ne s'en sortira pas, une mère qui n'est pas parfaite est un mauvais exemple, un homme qui n'a pas assez d'assurance est considéré comme faible, etc.).

Souvenez-vous que ces modèles de « perfection » sont souvent utopiques et montés de toutes pièces. Par rapport à qui et à quoi sont-ils déterminés ?

Pour apprendre à lâcher prise sur la société et ses diktats, il est impératif d'arrêter de vouloir poursuivre des modèles insensés. La société peut parfois vous pousser à l'agitation, la préoccupation et la pression. Lâchez prise en mettant une distance, faites preuve de discernement et écoutez votre réalité à vous, et pas l'illusion et le monde fictif que l'on peut parfois vous projeter.

TRUCS ET ASTUCES

Il y a une énorme différence entre le message véhiculé et la réalité ; entre la théorie et la pratique. **Écoutez vos besoins, vos envies et vos sensations à vous, et pas celles que l'on veut vous imposer.**

Lâcher prise sur les contraintes et les diktats, ce n'est pas les refuser en bloc, mais c'est apprendre à connaître le système et choisir ce que l'on tolère ou pas, ce que l'on accepte ou pas.

En acceptant ce qui vous parle et en évitant ce qui ne vous semble pas juste, vous vous donnerez toutes les chances de progresser sans trop de pression.

Exercices

Visualiser votre succès

Faites une pause. Asseyez-vous et trouvez une position confortable. Fermez les yeux et prenez trois grandes respirations. L'air du temps qui nous intime l'ordre de devenir important, célèbre et d'avoir du succès peut nous causer des sentiments d'humiliation, d'échec, d'infériorité. Mais qu'est-ce que le succès au fond pour vous ? Avoir une voiture de société et une grosse promotion ? Se marier et avoir des enfants ? Acheter une maison ? Partir faire le tour de l'Asie avec son sac à dos ? Obtenir un diplôme ? Tout ça peut contribuer à votre succès mais la clé, c'est le bonheur ! Et le bonheur n'est pas quelque chose d'extérieur mais bien d'intérieur. Être vous-même et faire ce qui vous rend heureux(se), c'est ça votre plus grande réussite ! Ouvrez les yeux et quand vous êtes prêt(e), enchaînez directement le deuxième exercice.

Qu'est-ce qui vous rend heureux(se) ?

Prenez une feuille de papier ou votre cahier d'accompagnement. Posez-vous la question : qu'est-ce qui me rend heureux(se) ? Faites une liste de tout ce qui vous vient à l'esprit. Que ce soit la moustache de chocolat sur les lèvres de votre enfant ou votre dernier voyage, notez toutes vos sensations.

Lorsque vous avez fini, observez l'état dans lequel vous êtes. Observez la joie et le bonheur de repenser à tout ce qui vous rend heureux(se). La voilà votre réussite, celle d'être heureux(se).

Vous sentez-vous joyeux(se) ? C'est normal, vous avez lâché prise sur les faux modèles de perfection et les exigences de la société pour revenir à votre version du bonheur.

EN PRATIQUE

- **Ne vous référez plus à des modèles insensés qui ne sont pas en accord avec vos aspirations profondes. Agissez avec discernement et faites ce qui est bon pour vous.** N'attendez plus, commencez dès maintenant à lâcher ce qui vous détruit et créez l'espace nécessaire pour ce qui vous nourrit !
- **Il n'y a que vous qui sachiez exactement ce qui vous rend heureux(se), alors écoutez-vous !** Dès aujourd'hui, goûtez à votre version du bonheur et consommez-la sans modération !

JOUR 12

LÂCHER PRISE SUR L'ESTIME ET LA CONFIANCE EN SOI

• CITATION

« Là où règnent force intérieure et confiance en soi, disparaissent méfiance, peur et doute. »

Dalaï-lama

• MANTRA MAGIQUE

*« Je crois en moi et en mes capacités.
Je me fais confiance et je me respecte. »*

Et si, aujourd'hui, vous décidiez de vous faire enfin confiance ?

La confiance en soi

Le manque d'estime de soi vient souvent du fait que vous vous attachez à suivre des modèles inadaptés à votre personnalité. Ces modèles sont parfois créés de toutes pièces par la société, par des croyances communes, par une éducation reçue, etc.

Vous vous pensez naïf(ve) parce que vous avez cru tout ce qu'on vous a raconté ? Détendez-vous, c'est tout à fait logique de penser que tout ce qu'on vous dit est vrai quand on est petit(e) ! Mais après, en grandissant et en voyant autour de nous différentes réalités, on peut se faire une idée de la « véracité » ou du « fondement » de ces dires.

Pour moi, la confiance en soi se construit ou se déconstruit. Nous en sommes les artisans. Tout comme un événement tragique peut venir détruire ce que vous aviez construit, une belle expérience peut augmenter et sublimer votre confiance en vous.

Certes, les facteurs extérieurs ont une forte influence, mais souvenez-vous que c'est un processus intérieur. **Vous êtes le propre artisan de votre confiance en vous, c'est vous qui avez les fils en main et qui tissez.**

Comment lâcher prise concrètement pour rebooster l'estime de soi ?

- **Renouez avec votre enfant intérieur :** dites-lui qu'il a beaucoup de valeur, que vous l'aimez et que vous croyez en lui. Dites-lui qu'il est digne de respect et qu'il mérite énormément d'amour !

- **N'accordez plus autant d'importance à ce que les gens pensent et disent de vous.** Croyez en vos capacités. Soyez indulgent(e) envers vous-même.

- **Ouvrez-vous à plus de créativité et de joie.** Autorisez-vous le bonheur !

Ainsi, la vie redeviendra petit à petit plus facile, simple et légère… et votre estime de vous sera bien meilleure !

TRUCS ET ASTUCES

Bannissez les mots « erreurs » ou « échecs » de votre vocabulaire et remplacez-les par « expériences » et « tentatives ».

Exercices

Un peu de douceur dans ce monde de brutes !

Car, au fond, ce dont le monde a besoin, c'est de plus d'amour et de douceur, non ? Lorsque vous êtes trop dur(e) envers vous-même, que vous êtes dans le jugement ou la dévalorisation, stoppez tout et lâchez ce brassage mental. Allez dans votre salle de bains, prenez du coton, puis allez dans votre chambre à coucher et choisissez une couverture ou un pull tout doux. Asseyez-vous et observez les objets, maniez-les délicatement, caressez votre main avec le coton, votre joue avec la manche du pull. Respirez calmement, enveloppez-vous de cette sensation de bien-être et rappelez-vous qu'il ne tient qu'à vous de vous traiter avec douceur et bienveillance.

Être son meilleur ami

La confiance en soi rime avec le respect et l'écoute de soi. Si l'on ne s'écoute pas et que l'on ne se respecte pas, il reste très peu de place pour l'amour et la confiance. Voici un exercice qui fait des miracles. Il ne s'agit pas ici d'égoïsme, mais bien d'écoute bienveillante de ses propres besoins.

Lorsque vous devez faire des choix importants mais que le manque de confiance en vous vous bloque, avant de passer à l'action ou de répondre trop vite, imaginez ce que vous diriez à votre meilleur(e) ami(e).

Que lui conseilleriez-vous ? Quels encouragements lui donneriez-vous ? Essayez du mieux que vous pouvez de faire des choix qui soient en accord, en amour et en total respect avec vous-même.

Bizarrement, la victimisation et la dévalorisation se sont envolées ? Normal, vous avez brisé les chaînes qui vous emprisonnaient dans une fausse idée de vous-même ! Lorsque vous reconnaissez vos talents et vos capacités, vous sublimez votre confiance en vous et vous rallumez votre lumière personnelle !

EN PRATIQUE

- **Écoutez-vous et respectez-vous ! C'est la base pour reprendre confiance en vous.** Combien de fois par jour écoutez-vous vraiment vos besoins ? Si la dernière fois remonte au mois passé, alors je vous conseille vivement de vous traiter dès maintenant comme si vous étiez votre meilleur(e) ami(e).
- **Lorsque vous croyez en vous et en vos capacités, tout redevient possible !** Reboostez votre confiance en vous en vous remémorant quotidiennement la belle citation de Martin Luther King : « Croyez en vos rêves et ils se réaliseront peut-être. Croyez en vous et ils se réaliseront sûrement. »

JOUR 13

LÂCHER PRISE SUR L'APPARENCE ET LE CORPS

• CITATION

« Fais du bien à ton corps pour que ton âme ait envie d'y rester. »

Proverbe indien

• MANTRA MAGIQUE

« J'apprends à mieux écouter mon corps et à respecter ses besoins. »

Et si je vous disais qu'aujourd'hui, vous allez enfin apprendre à vous accepter complètement physiquement ? Impossible ? On en reparle à la fin de cette 13e journée !

Le corps

Les normes médiatiques sur l'apparence physique donnent le tournis et peuvent faire perdre la tête. On est trop grand ou trop petit, trop gros ou trop maigre. Mais par rapport à qui et à quoi ?

Votre apparence physique ne détermine pas votre identité ! Vous n'êtes pas un nez crochu ou des poignées d'amour. Vous êtes « vous » dans votre globalité.

Lâchez prise sur votre désir de ressembler à quelqu'un d'autre. Chaque personne a son passé, son vécu, ses valeurs et ses goûts.

Essayez d'arrêter de vous comparer et commencez à écouter votre voix intérieure qui vous guidera vers l'acceptation de qui vous êtes.

Savez-vous avec qui vous allez passer toute votre vie ? Eh bien, c'est avec votre corps ! C'est votre temple, votre vaisseau. Il est unique et irremplaçable.

Alors **apprenez à écouter votre corps et ses besoins, c'est un des plus beaux cadeaux que vous puissiez lui faire !**

Soyez à l'écoute ! Un corps plus calme veut dire un esprit plus calme… C'est alors que le discernement est possible.

Lâchez prise sur ce que vous ne pouvez pas changer et changez ce qui peut être changé réellement !

Par exemple : perdre 2 kg, changer de coiffure ou trouver un vêtement qui vous met en valeur sont des choses qui sont réalisables.

À l'inverse, vous ne pouvez pas changer la forme de vos orteils ! Lâcher prise avec discernement vous permet de redevenir complètement responsable de vos actes.

À RETENIR

La clé de la vraie beauté est l'harmonie et la cohérence entre l'intérieur et l'extérieur.

Si vous vous regardez dans la glace et que vous vous trouvez laid(e), allez découvrir ce qui ne va pas à l'intérieur de vous. Ce n'est pas le miroir qui vous donnera la réponse ni une remise en beauté. Pour trouver la réponse à vos maux, allez à la rencontre de ce qui est blessé à l'intérieur.

Vous avez déjà remarqué que lorsqu'on commente des photos, on a tendance à dire « que vous êtes beaux ! » alors que bien souvent, ce n'est pas la beauté en tant que telle qui prime, mais bien le bonheur qui irradie sur le visage des gens. Être heureux, ça rend beaux, alors choisissez le bonheur !

Exercices

La méditation d'amour du corps

Trouvez une position confortable, assis(e) ou couché(e). Fermez les yeux et prenez trois grandes respirations. Personnellement, j'imagine que la couleur de l'amour est dorée, mais libre à vous d'imaginer la couleur qui vous correspond le mieux.

Visualisez-vous dans votre entièreté. Vous êtes calme et endormi(e).

Imaginez maintenant que vous sortez de votre corps, que vous vous dédoublez.

Vous avez dans une main un pinceau et dans l'autre un pot de peinture, c'est le pot de l'Amour.

Durant cette méditation, vous allez vous peindre et vous remplir entièrement d'amour. Commencez par peindre vos pieds, chevilles et jambes. Elles deviennent dorées et lumineuses. Continuez à peindre chaque partie de votre corps de cette magnifique couleur.

Lorsque vous aurez fini, contemplez-vous, ressentez cet immense bien-être qui s'écoule en vous. Ressentez cette plénitude. Vous êtes l'Amour de la tête aux pieds. Après, revenez petit à petit dans votre corps et gardez cette magie en vous le plus longtemps possible durant la journée.

C'est quoi, la beauté ?

Dans un texte inspirant, Audrey Hepburn nous révèle ses 10 secrets sur la beauté, en voici 5 que je trouve particulièrement évocateurs :

« 1. Pour avoir des lèvres attirantes, prononcez des paroles de bonté.

2. Pour avoir de beaux yeux, regardez ce que les gens ont de beau en eux.

3. Pour rester mince, partagez vos repas avec ceux qui ont faim.

4. Pour avoir de beaux cheveux, faites qu'un enfant y passe sa main chaque jour.

5. Pour avoir un beau maintien, marchez en sachant que vous n'êtes jamais seule. »

Après avoir lu le texte, prenez votre cahier d'accompagnement et de quoi écrire et complétez la phrase :
« Pour moi, la beauté c'est… »

Vous avez l'impression d'être plus ancré(e) et plus en phase avec votre corps ?

Normal, vous avez lâché prise sur la fausse image que vous aviez de vous-même. Souriez, vous resplendissez !

EN PRATIQUE

- **Lorsque vous prenez soin de votre être intérieur, cela se voit à l'extérieur.** Que pourriez-vous changer, là tout de suite ? Et si vous décidiez de lâcher la fausse croyance que votre corps n'est pas digne d'amour pour enfin lui donner toute l'affection qu'il mérite ?
- **Souriez, c'est bon pour la santé ! Ça libère des endomorphines, c'est communicatif et en plus, ça rend beau !** Combien de fois avez-vous souri aujourd'hui ? Combien de fois avez-vous ri ? Et si vous esquissiez un beau sourire là, maintenant ? Voilà ! Vous êtes resplendissant(e) !

JOUR 14

LÂCHER PRISE SUR L'ALIMENTATION

• CITATION

« La santé, c'est un esprit sain dans un corps sain. »

Juvénal

• MANTRA MAGIQUE

« Pour vivre une relation harmonieuse avec mon alimentation, j'apprends à allier besoins et plaisirs. »

Aujourd'hui, je vous invite à lâcher la pression et à retrouver la pleine santé en acceptant enfin votre métabolisme !

L'alimentation

Comme le dit le proverbe : « Des goûts et des couleurs on ne discute pas. » Vos goûts sont personnels et vous montrent qui vous êtes. C'est difficile d'aller contre sa vraie nature. Certains peuvent vivre des jours sans manger de chocolat et pour d'autres une journée sans chocolat est une journée qui ne vaut même pas la peine d'être vécue !

Encore une fois, lâchez prise sur les modèles surréalistes véhiculés par les médias et écoutez vos réels besoins. Ayez confiance en votre corps et offrez-lui tout ce dont il a besoin pour être en bonne santé. Il n'y a pas qu'une manière de se nourrir, il y en a une infinité ! Le plus important, c'est de trouver la vôtre, la manière qui correspond au mieux à votre métabolisme, vos besoins et vos envies. Tout est une question d'équilibre et d'harmonie.

Par exemple, si vous avez des problèmes de ballonnements, vous êtes censé(e) éviter certains aliments et certaines épices. C'est ainsi, vous devez écouter votre corps pour vous sentir bien, ce qui n'empêche pas de vous faire plaisir aussi et de faire des exceptions de temps en temps ! Lâchez prise et ne tombez pas dans le contrôle excessif et la rigidité !
L'important est d'accepter la façon dont votre corps fonctionne et d'être à son écoute.

À quoi servent des régimes trop sévères qui ne prennent pas en compte votre métabolisme et votre santé globale ?

N'hésitez pas à demander conseil avant de prendre de grandes décisions quant à des changements alimentaires. Prenez un temps de réflexion et identifiez pourquoi vous voulez maigrir ou grossir. Est-ce pour votre bien-être à vous ou est-ce pour répondre aux images véhiculées dans les médias ?

Attention à l'alimentation « refuge » pour combler les manques, aux extrêmes, au manque ou à l'excès de contrôle de votre alimentation.
Par exemple, une boîte entière de cookies parce que vous êtes triste : non. Deux cookies pour une pause gourmande : oui *of course !*

Même chose pour le bio ! On sait à quel point c'est important de tout faire pour manger sain et bio, mais n'en devenez pas obnubilé(e) 24 heures sur 24 !

Lâchez tout cela et revenez à l'essentiel : identifiez votre métabolisme à vous (qui est unique et donc non comparable à celui d'un autre) ; discernez la vraie faim et redécouvrez le plaisir de manger sainement.

À RETENIR !

Ne perdez pas le goût de manger. Ne perdez pas le goût de la vie !

Exercices

Manger en pleine conscience

Choisissez un plat ou un aliment que vous aimez tout particulièrement. Tout en cuisinant et en préparant votre repas, remarquez comme c'est gai de manger ce que vous aimez et d'aimer ce que vous mangez.

Lorsque tout est prêt, asseyez-vous et contemplez votre assiette. Si vous êtes droitier(ère), prenez votre fourchette dans la main gauche et inversement, si vous êtes gaucher(ère), prenez votre fourchette dans la main droite. Essayez de vous concentrer un maximum sur chaque mouvement, chaque bouchée, savourez pleinement ce que vous mangez, prenez tout le temps nécessaire afin de profiter au mieux de cet instant de bonheur.

La psychologie des aliments

Prenez de quoi écrire, une feuille de papier ou votre cahier d'accompagnement. Répondez à ces questions : avez-vous déjà fait le lien entre votre alimentation et votre état émotionnel ? De quoi êtes-vous écœuré(e) ? Quelles sont vos envies ? Vos manques ? Qu'est-ce qui vous donne de l'appétit ? De quoi avez-vous faim dans votre vie ?

La culpabilité s'est volatilisée ? Normal, vous avez lâché prise sur les modèles surréalistes pour revenir aux réels besoins de votre corps. Optez pour l'harmonie entre besoins et plaisirs et votre corps vous dira merci !

EN PRATIQUE

- **Soyez à l'écoute des besoins et des envies de votre corps. Faites la paix avec lui et acceptez votre métabolisme.** Avez-vous pu différencier aujourd'hui une vraie faim avec une envie de grignoter ? Qu'est-ce que ça vous fait d'être plus conscient(e) et à l'écoute des messages de votre corps ?
- **Ne renoncez pas à votre gourmandise. Faites-vous plaisir (avec modération) et surtout ne culpabilisez pas !** Aimez-vous cuisiner ? Savez-vous que vous pouvez trouver plein de bons repas gourmands et sains ? Soyez créatif(ve), allez découvrir des recettes vegan par exemple, c'est bon pour votre corps, pour la planète et c'est délicieux !

JOUR 15

LÂCHER PRISE QUAND ON DEVIENT PARENT

• CITATION

« Les parents parfaits n'ont pas d'enfants. »

Valérie Orvain

• MANTRA MAGIQUE (à réciter si possible avec son enfant)

« Toi et moi nous évoluons ensemble
et chaque jour nous faisons de notre mieux. »

Avez-vous des enfants ou souhaitez-vous devenir parent ? Et si vous appreniez dès aujourd'hui à lâcher prise au sein de la famille ?

L'éducation

Lorsque vous devenez parent, votre existence change. Vous ne pouvez plus mener exactement la vie que vous aviez avant. Prenez-en vraiment conscience, ça vous aidera à lâcher prise, car il est inutile de comparer votre vie de parent avec celle de non-parent. N'essayez pas de faire à tout prix « comme avant », car vous n'êtes plus la même personne.

Il ne s'agit pas de regretter le passé ou d'en faire le deuil, mais d'essayer plutôt de vous adapter et de vous organiser pour continuer à faire les choses que vous aimiez faire, tout en réalisant qu'il y a eu une évolution et un changement !

« Allô, allô ! Communication de service : Il n'y a pas de parent parfait ! Je répète, il n'y a pas de parent parfait ! » C'est parfois difficile de briser les schémas parentaux (dysfonctionnels ou pas) qui ont été reçus et de créer les siens lorsqu'on devient à son tour parent. **Chacun évolue et expérimente continuellement, chacun fait de son mieux avec ce qu'il a reçu comme éducation lui-même.**

Chaque enfant est différent et unique. Lâchez prise sur les autres mamans/papas, les autres enfants, les comparaisons frères/sœurs, etc, vous vous sentirez plus léger(ère) et eux aussi.

Comme je vous l'ai déjà dit, si vous voulez une relation harmonieuse avec les autres, y compris vos enfants, vous devez commencer par vous. Soyez bienveillant(e) envers vous-même. Si vous prenez soin de vous et de vos besoins, vous serez plus détendu(e) et votre enfant le sera forcément, car vous lui renverrez une image plus positive et sereine. Votre relation avec lui n'en sera que plus belle et apaisée.

Ne vous mettez pas non plus la pression pour être toujours au top du top et zen à tout prix ! Lâchez prise sur l'idée du parent parfait et optez pour plus de bienveillance envers vous-même.

Faites preuve d'indulgence et ne soyez pas trop dur(e) non plus envers vous-même, lâchez vos sentiments d'erreurs et apprenez à les voir comme des apprentissages qui vous font évoluer, vous et votre enfant.

Faites de votre mieux pour transmettre vos valeurs ; comme le dit le proverbe : « On ne peut que donner deux choses à ses enfants : des racines et des ailes. »

LE SAVIEZ-VOUS ?

Pour grandir au mieux, les enfants méritent des explications. Au fond, ils désirent être considérés comme des grandes personnes capables de comprendre votre discours d'adulte. Demandez leurs avis, intéressez-vous à ce qu'ils pensent. Ça les rendra responsables et participatifs. Optez pour une communication ouverte, confiante et honnête.

Lâchez prise sur votre volonté de donner l'exemple à tout prix ou d'imposer absolument votre avis. Lâchez le contrôle excessif. Souvent, plus le contrôle parental est fort, plus la peur est grande derrière. Votre enfant ressent cette peur, il est sensible à votre énergie. N'hésitez pas à expliquer, encourager, écouter et évoluer ensemble.

Le plus beau des cadeaux pour un enfant, c'est d'avoir des parents heureux !

À RETENIR

Je ne peux pas contrôler le comportement de mon enfant, mais ce que je peux contrôler, c'est ma réaction et mon attitude face à son comportement.

Exercices

L'imagerie de l'enfance

Faites une pause. Trouvez un endroit calme et asseyez-vous ou allongez-vous. Fermez les yeux. Prenez au moins trois grandes inspirations et expirez par la bouche. Quand vous serez calme et détendu(e), reprenez une respiration normale. Lorsque vous pensez au mot « enfance », qu'est-ce qui vous vient à l'esprit ? Quels souvenirs refont surface ? Quels parfums, quelles sensations ?

Essayez de vous concentrer sur un souvenir agréable, une odeur, un ressenti qui vous replonge dans la joie et la légèreté de votre enfance. Laissez-vous transporter par la gaieté du moment. Lorsque vous rouvrirez les yeux, posez-vous la question : est-ce que je transmets assez souvent cette sensation de joie et cet enthousiasme à mon enfant ?

Trouver des alternatives créatives

Plutôt que d'imposer des règles sans aucune flexibilité, essayez-vous à des alternatives plus créatives et participatives. Si vous imposez à votre enfant une décision prise de manière irrévocable, sans qu'il ait son mot à dire, il y a plus de risque qu'il se rebelle et refuse de vous obéir. Par contre, si vous lui donnez les règles du jeu et la possibilité de choisir une alternative, il aura l'impression d'être entendu et pris en compte.

Par exemple, vous pouvez imaginer le jeu de l'heure du coucher. Vous lui donnez la possibilité de choisir entre trois horaires : 21 heures, 21 h 05, 21 h 10. Il aura ainsi le sentiment d'avoir été pris en compte et d'avoir décidé lui-même, il se sentira responsable de son choix. Vous verrez, il n'y aura plus de problème d'horaire pour le dodo !

L'ambiance à la maison est joyeuse ? C'est normal, vous avez lâché la pression sur votre image de parent parfait pour revenir à une relation plus authentique avec votre enfant. Allez-y, lâchez, riez et jouez ensemble !

EN PRATIQUE

- **Communiquez avec vos enfants. Ils ont besoin de vous écouter, de vous parler et d'être entendus.** Et si vous prévoyiez dès aujourd'hui un moment d'échange avec vos enfants ? Vous leur racontez votre journée et ils vous racontent la leur ?
- **Soyez un parent « conscient ». Rappelez-vous l'impact immense que peuvent avoir votre attitude et/ou vos paroles sur votre enfant !** Pourquoi ne pas instaurer au sein de la famille de nouveaux rituels ? Par exemple, au coucher, dire quelques phrases positives à votre enfant ?

JOUR 16

LÂCHER PRISE SUR LES ENVIES, LA JALOUSIE

• CITATION

« La jalousie ne permet jamais de voir les choses telles qu'elles sont. Les jaloux voient le réel à travers un miroir déformant qui grossit les détails insignifiants, transforme les nains en géants et les soupçons en vérité. »

Miguel de Cervantès

• MANTRA MAGIQUE

« Je suis assez. Je fais assez. J'ai assez. »

Avez-vous tendance à être jaloux(se) ou envieux(se) ? Vous êtes-vous déjà demandé pourquoi vous ressentez ces émotions ? Aujourd'hui vous allez recevoir les clés pour vous en libérer !

L'envie

Elle naît souvent d'une insatisfaction, d'une insuffisance. C'est parce qu'il vous manque quelque chose que vous enviez quelqu'un.

Par exemple, vous n'avez pas encore trouvé votre maison et vous enviez vos amis qui viennent de vous dire qu'ils en ont acheté une, ou vous êtes célibataire et vous avez l'impression de ne voir que des couples autour de vous…

Essayez de lâcher prise sur cette envie, cette jalousie, car elle ne change rien à la situation, elle ne résout rien. Au contraire, vous vous faites du mal.

Relax ! Ce n'est pas catastrophique d'être envieux et jaloux par moments, nous sommes humains ! L'important est de ne pas rester trop longtemps coincé dans cet état. N'agissez pas ou ne réagissez pas à partir de ce sentiment. Comprenez que cela fait écho à une blessure ou à un manque en vous. Peut-être qu'inconsciemment vous avez peur d'être à nouveau trompé(e), abandonné(e), rejeté(e) ?

Comment faire pour lâcher prise sur ces moments de jalousie et d'envie ?

Identifiez et dépistez ce qui vous manque !

En réalisant que vos jalousies correspondent à des besoins intérieurs, vous pouvez mettre en œuvre des actions pour les combler. Évidemment, il faut vouloir passer à l'action, devenir complètement responsable de ses envies et agir !

Vous pourrez alors commencer à transformer vos envies en précieux alliés qui viendront développer votre potentiel et vous aider à concrétiser des projets ou des transformations intérieures.

Les comparaisons

Lâchez prise également sur les comparaisons. Que savez-vous exactement des autres ? Connaissez-vous vraiment leurs vies et leurs histoires ? Savez-vous ce qu'ils ont traversé pour pouvoir arriver à leurs buts ? Est-ce de la chance ou une victoire après un dur labeur ?

À RETENIR !

Transformez les envies et les jalousies de façon constructive et positive. Ne restez pas coincé(e) dans un sentiment négatif en vous focalisant sur le manque et les émotions désagréables qui y sont liées. Mettez-vous en action pour les transformer en positif et obtenir ce que vous désirez !

Exercices

La médiation de l'abondance

Prenez un moment pour vous. Trouvez un endroit calme où vous ne serez pas dérangé(e). Installez-vous confortablement. Fermez les yeux. Respirez profondément trois fois, ensuite reprenez une respiration normale.

Visualisez ce que vous avez déjà et qui vous rend heureux(se), que ce soient des choses matérielles ou pas. Ressentez l'émotion que cela vous procure. Imprégnez-vous de tout ce bien-être.

Maintenant, visualisez ce que vous n'avez pas et que vous désireriez avoir. Imaginez trouver les moyens pour atteindre vos buts et obtenir ce dont vous rêvez. Immergez-vous totalement dans cette joie intense. Ouvrez les yeux et gardez cette émotion en vous, elle vous boostera pour réaliser vos rêves !

Le carnet de gratitude

Êtes-vous reconnaissant(e) ? Éprouvez-vous de la gratitude pour tout ce que vous vivez ? Tout comme le négatif attire plus de négatif, le positif attire plus de positif ! Lorsque vous vous focalisez sur l'abondance, vous en attirez plus. Plus on donne, plus on a !

Soit vous utilisez un petit carnet que vous laisserez sur votre table de nuit, soit vous faites l'exercice mentalement.

Chaque soir avant de vous coucher, repensez à trois choses qui se sont passées dans la journée et pour lesquelles vous êtes reconnaissant(e). Qu'importe si vous avez passé une bonne ou une mauvaise journée, en faisant ce petit exercice, vous la terminez de façon positive avec un sentiment de complétude et de gratitude.

Finies les plaintes et les rancœurs quotidiennes ? Normal, vous avez identifié la racine de vos manques et lâché le négatif ! Soyez reconnaissant(e). Souriez, c'est bon pour la santé !

EN PRATIQUE

- **En identifiant la source et la cause de vos jalousies, vous pouvez les transcender positivement et ainsi vous donner les moyens de concrétiser vos projets !** Qu'avez-vous découvert à propos de vos jalousies aujourd'hui ? Comment vous sentez-vous ? Maintenant que vous avez trouvé la cause, vous allez pouvoir vous en libérer beaucoup plus vite et aller de l'avant !
- **Ne vous focalisez pas sur ce que vous n'avez pas, soyez plutôt reconnaissant(e) pour tout ce que vous avez déjà. Privilégiez la sensation de plénitude à celle de manque.** Essayez dès maintenant de voir le verre à moitié plein plutôt qu'à moitié vide. Vous remarquerez à quel point cela change la donne !

JOUR 17

LÂCHER PRISE SUR LES IMPRÉVUS

• CITATION

« Les meilleures choses dans la vie sont les imprévus, car il n'y avait aucune attente. »

Eli Khamarov

• MANTRA MAGIQUE

« Je m'ouvre et m'adapte du mieux que je peux aux changements constants de la vie. »

Et si aujourd'hui vous décidiez de ne plus résister aux changements ?

Les imprévus

Voici une citation d'Héraclite qui peut déplaire mais qui pourtant est pleine de sens : « Rien n'est permanent, sauf le changement. »

Qu'est-ce qui déplaît dans les changements, dans les imprévus ? Ça fait peur, ça vient chambouler ce qui était planifié et prévu. Ce qui vous rassurait et vous faisait vous sentir en sécurité se volatilise.

Apprenez à vous ouvrir aux imprévus et à les apprivoiser plutôt que de les craindre. Tout peut arriver à tout moment, c'est inévitable ! Le propre de la vie est qu'elle est dynamique et en changement, elle n'est pas statique, c'est la mort qui l'est…

Essayez d'accueillir les alternatives plutôt que de rester bloqué(e) dans une sorte de frustration et de colère face à l'imprévu, car parfois ce qui semble être dérangeant et menaçant offre des opportunités cachées.

Apprenez à relativiser : est-ce vraiment grave ou pas ? C'est la même chose pour les surprises ; qu'elles soient bonnes ou mauvaises, elles font partie de la vie et peuvent arriver à tout moment.

Lâchez prise, vous n'avez aucun contrôle dessus ! Pouvoir se détacher de ce qui était planifié et prévu apporte beaucoup de légèreté.

Prenez exemple sur les enfants et observez leur façon de faire. Retrouvez l'esprit d'aventure et votre capacité d'adaptation à tout type d'événement car, encore une fois, la clé, c'est votre attitude. Retrouvez la voie de l'adaptation et de la fluidité. Ça vous apportera de la joie, de la simplicité et plus de liberté !

LE SAVIEZ-VOUS ?

Le stress engendré par les imprévus dépend très souvent de l'écart qu'il y a entre ce que vous vous attendiez à vivre et ce qui se présente à vous de manière inattendue.

Essayez de voir la situation comme « différente » et de ne pas la juger directement de manière négative ou dramatique, cela vous aidera à porter un regard plus neutre, et par conséquent, votre stress diminuera.

L'intensité de la réaction émotionnelle dépend de la force de nos fondations. Si vous êtes bien ancré(e) et posé(e), ce sera plus facile de vous adapter à tout type de situation que si vous êtes déjà fragilisé(e) à la base.

Exercices

Plus de peur que de mal

Avez-vous parfois tendance à vous imaginer des imprévus catastrophiques, à la limite de l'apocalypse ? Revenez sur terre et imaginez un imprévu désagréable. Oui je sais, ce n'est pas gai mais c'est le jeu !

Comment vous sentez-vous face à cette mauvaise nouvelle ? Quelles émotions ressentez-vous ? Qu'est-ce que vous pourriez en tirer de positif ? Qu'est-ce qui vous motiverait ?

Quelle leçon pourriez-vous en tirer ?

Alors, était-ce si terrible que ça ? Le mental est un vrai coquin qui parfois s'amuse à amplifier démesurément la réalité.

Briser la routine et créer des imprévus

Et pourquoi ne pas s'exercer en s'amusant ? Choisissez délibérément de créer des imprévus ! Votre cerveau s'habituera à fonctionner autrement, et par conséquent à réagir autrement lorsque de vrais imprévus se présenteront à vous.

Suivez un autre itinéraire pour vous rendre au travail. Mangez salé au petit déjeuner. Allez acheter des billets de cinéma et changez le programme de la soirée prévue à la maison, etc.

Si vous éprouvez un sentiment de légèreté et d'excitation, c'est normal, vous venez de lâcher ce qui vous stressait et vous apeurait inutilement. Prenez la vie comme elle vient et croquez-la à pleines dents !

EN PRATIQUE

- **Lorsque vous lâchez vos attentes prédéfinies, vous vous ouvrez à plus de flexibilité et de spontanéité. Laissez-vous surprendre !** Pourquoi ne pas lâcher dès maintenant votre volonté de toujours contrôler la situation ? Qu'est-ce qui se passe quand vous lâchez le contrôle ? Le flux de la vie revient au galop !
- **Ne vous stressez pas inutilement, apprenez à relativiser.** Et si dès aujourd'hui, vous appreniez à vous poser la question suivante : est-ce vraiment grave et sérieux ?

JOUR 18

LÂCHER PRISE SUR LES APPRÉHENSIONS

• CITATION

« L'appréhension de la souffrance est pire que la souffrance elle-même. »

Jean-Paul Pinsonneault

• MANTRA MAGIQUE

« Quoi qu'il arrive, j'envisage le meilleur pour le bien de tous ».

Avez-vous parfois l'impression que vos craintes prennent le dessus ? Vous chuchotent-elles à longueur de journée : « Et s'il se passait ça ? Tu n'aurais pas peur, toi ?! Et si tu apprenais cela ? Ce serait affreux ! Et si… ? » Stop ! Vous allez aujourd'hui vous libérer de vos appréhensions !

Les appréhensions

Avez-vous déjà remarqué que lorsqu'on a un rendez-vous médical, une réunion de famille ou que l'on est convoqué par son directeur, on a tendance à s'attendre… au pire ?!
Pourquoi ? Car, encore une fois, cela vient toucher des blessures enfouies. Vous avez probablement gardé en mémoire des souvenirs désagréables et vous redoutez de les revivre. Pourquoi appréhender ce qui « risque » de se passer (ou pas) ? Pourquoi envisager des scénarios catastrophes ? Ne laissez pas vos peurs prendre le dessus et ne laissez pas votre mental vous dominer. Car en envisageant le pire, on a de fortes chances d'attirer à soi des événements négatifs.

Essayez de lâcher prise, car rien n'est écrit à l'avance ! Il est inutile de vous abîmer la santé pour une chose sur laquelle vous n'avez absolument aucun pouvoir.

> ***Souvenez-vous, il n'existe qu'une chose que vous pouvez vraiment contrôler, c'est votre façon de penser, d'agir et de vous comporter. Il ne tient qu'à vous de changer la donne et de revenir à un état de calme et de sérénité.***

Essayez d'identifier les raisons profondes de ces appréhensions. Que redoutez-vous au juste ? Lâchez prise sur ces appréhensions et essayez d'imaginer un plan d'urgence, une solution au cas où ce que vous redoutiez devait se présenter.

Et si vous optiez dès aujourd'hui pour des « happy endings » ? Il n'y a pas que dans les comédies romantiques ou les dessins animés que cela arrive, vous pouvez les vivre aussi ! Attendez-vous au bonheur plutôt qu'au malheur !

TRUCS ET ASTUCES

Lors d'un prochain rendez-vous important, si vous vous sentez happé(e) par votre stress et vos appréhensions sur ce qu'il pourrait se passer, élaborez deux plans : le plan A dans le cas où tout se déroule comme vous le souhaitez et le plan B au cas où rien ne se passe comme vous le voulez. Vous serez ainsi mieux préparé(e) et rassuré(e) d'avoir une alternative le cas échéant !

Exercices

Lister vos appréhensions

Prenez une feuille ou votre cahier d'accompagnement et de quoi écrire. Couchez sur papier toutes les appréhensions qui vous viennent à l'esprit. Notez-les toutes. Qu'elles fassent partie du passé, du présent ou du futur. Ne vous relisez pas, continuez à écrire jusqu'au moment où vous aurez la sensation d'avoir fini.

Maintenant, prenez une grande inspiration et relisez-vous. Vous n'êtes plus dans le vif de l'émotion, vous allez observer simplement ce que vous avez écrit. Ces appréhensions sont-elles réellement fondées ? Que pouvez-vous y faire ? Sont-elles réelles ou inventées de toutes pièces par vos peurs ?

Lâchez prise et revenez dans l'ici et maintenant. Vous n'avez rien à craindre !

Se lever de bonheur

Et si vous commenciez votre journée autrement ? Dès que le réveil sonne, au lieu de vous précipiter sous la douche ou dans la cuisine pour préparer votre café, asseyez-vous quelques secondes sur le bord de votre lit. Les deux pieds bien ancrés au sol, imaginez que vous allez passer une journée magnifique et positive !

N'ayez aucune appréhension par rapport à votre journée, mais attendez-vous au meilleur ! Soyez confiant(e) et optimiste(e) dès le réveil. Car au fond, vous le savez, tout ira très bien !

Vous ne craignez plus ce qu'il « pourrait » se passer, mais vous accueillez ce qu'il se passe avec plus de confiance ? Normal, vous avez lâché prise sur les appréhensions qui vous gardaient prisonnier(ère) de vos peurs ! Savourez ce sentiment de sérénité !

EN PRATIQUE

- **Lâchez vos craintes de ce qu'il « pourrait » arriver, revenez dans l'instant présent et vivez consciemment la réalité du moment.** Et si dès maintenant, vous décidiez de vous poser la question : « Qu'est-ce qui pourrait m'arriver de merveilleux aujourd'hui ? »
- **Votre attitude est déterminante, choisissez d'être optimiste !** Que pouvez-vous changer dans votre comportement dès aujourd'hui ? Pensez-y et appliquez-vous ! Tout est une question de choix !

JOUR 19

LÂCHER PRISE SUR L'AMOUR ET LES RELATIONS AMOUREUSES

• CITATION

« L'amour ne possède pas, ni ne veut être possédé.
Car l'amour suffit à l'amour. »

Khalil Gibran

• MANTRA MAGIQUE

« Je suis désolé(e). Pardon. Merci. Je t'aime. »

Vous êtes bientôt à la fin de votre parcours. Et comme on garde toujours le meilleur pour la fin, on va parler d'Amour aujourd'hui !

L'amour

Ah, l'amour ! Si simple et si complexe à la fois, me direz-vous. Pourtant, ce n'est pas si complexe que ça. Au contraire, c'est plutôt l'être humain qui complique les choses.
Percevez-vous la différence entre l'amour et l'attachement ? Entre l'amour sincère et l'amour intéressé ? Entre l'amour inconditionnel et l'amour avec conditions ?

L'amour sincère est dans l'acceptation de ce qui est. Apprenez à aimer une personne telle qu'elle est réellement et pas telle que vous voudriez qu'elle soit. Ne tombez pas dans l'idéalisation !

Attention aux « modèles » de couples ou de partenaires dessinés par la société. Quel est votre partenaire idéal ? Comment savoir à l'avance qui vous rendra heureux(se) ? Restez vigilant(e), car à force de trop vouloir une personne « comme ci » ou « comme ça », vous risquez de passer à côté de nouvelles rencontres qui peuvent s'avérer magnifiques !

Lâchez prise sur la volonté de contrôler ou de changer vos relations. Si elles vous conviennent, c'est merveilleux, si elles ne vous conviennent pas, écoutez-vous, respectez-vous et agissez !

L'amour inconditionnel (tel que je le comprends du haut de mes 31 printemps !), ce n'est pas de tout accepter, être aveuglé(e) et laisser tout faire, c'est plutôt voir qu'il n'y a rien de plus important que l'Amour. C'est se poser la question : est-ce que j'agis avec amour ?

À RETENIR

Aimer sincèrement peut parfois être « inconfortable » et cela demande du courage. Car cela implique de l'authenticité, de l'honnêteté, c'est rendre l'autre responsable de sa vie et de ses actes, etc. Et parfois ce n'est pas plaisant pour l'autre, mais souvenez-vous que si c'est fait avec le cœur, c'est que c'est juste pour vous. Ça ne l'est peut-être pas pour l'autre mais ça, ça ne vous regarde pas, car vous n'êtes responsable que de vous-même. Soyez serein(e) car vous aurez agi avec amour envers vous-même et envers autrui.

Faites en sorte que votre comportement et votre façon d'agir partent du cœur. Si vous faites quelque chose dans le but de recevoir de l'attention, de l'amour, une reconnaissance, ce n'est plus de l'amour inconditionnel, mais bien de l'amour sous conditions !

Soyez vrai(e) et authentique dans votre amour envers vous-même et envers les autres.

LE SAVIEZ-VOUS

L'amour commence par soi !

Si vous ne vous aimez pas, il vous sera difficile d'aimer vraiment les autres. Pourquoi a-t-on du mal à s'aimer ? Entre autres, car nous n'avons pas pardonné (à soi et aux autres). Pour ce faire, la technique hawaïenne Ho'oponopono est intéressante. Si vous ne la connaissez pas, je vous encourage à la découvrir. C'est une méthode puissante d'autoguérison, où vous lâchez prise et vous vous pardonnez.

Exercices

La différence entre les messages de la tête et ceux du cœur

Prenez de quoi écrire et retranscrivez ces questions. Vous n'êtes pas obligé(e) de répondre à toutes en une fois ! Respectez votre rythme.

- Chez mon partenaire, est-ce que j'aime ce qu'il « est » ou ce qu'il « fait » ?
- Est-ce que je me sens menacé(e) ? Si oui, par qui et par quoi ?
- Dans ma relation, suis-je dans la peur et l'appréhension ou suis-je dans le calme et la confiance ?
- Est-ce le comportement de mon partenaire qui me blesse ou est-ce l'émotion que cela réveille chez moi ?

La méditation de l'enfant intérieur

Trouvez une position confortable. Fermez les yeux. Respirez profondément trois fois.

Visualisez l'air rentrant comme neuf, vous donnant de la lumière et de l'énergie, et visualisez l'air que vous expirez comme étant l'air qui ne vous sert plus. Vous pourrez ainsi créer de l'espace pour cette méditation.

Maintenant, imaginez-vous enfant. Que faites-vous ? Êtes-vous en train de chercher des escargots dans le jardin ? Êtes-vous en train de dessiner ? Êtes-vous en train de planter votre doigt dans la préparation du gâteau de bonne-maman ? Peut-être êtes-vous en train de jouer à cache-cache ?

Choisissez une activité que vous adoriez faire enfant. Essayez d'imaginer la scène du mieux que vous pouvez. Identifiez les détails. Ressentez les sensations, les odeurs, les couleurs. Imprégniez-vous de toutes ces émotions. Vous êtes désinvolte, spontané(e), joyeux(se), un peu espiègle et tellement vivant(e) !

Maintenant j'aimerais que vous vous imaginiez adulte. Vous allez rejoindre votre enfant intérieur et ensemble vous allez continuer votre activité tous les deux. Qu'est-ce que c'est bon de vous voir ensemble comme ça, si pétillants ! Vous sautillez, vous dansez et jouez comme des fous !

Arrêtez-vous et ouvrez vos bras, allez embrasser votre enfant intérieur. Prenez le temps de ressentir cette étreinte, ressentez tout l'amour que vous avez pour lui et accueillez tout l'amour qu'il a pour vous. Vous ne faites qu'un…

Avec cet amour, revenez doucement à vous. Reprenez lentement contact avec votre respiration, avec votre corps et ouvrez les yeux.

Vous avez le cœur léger ? Normal, vous avez lâché les idéalisations qui vous enfermaient dans l'illusion et la souffrance. Libérez-vous, faites confiance et laissez-vous porter par l'amour !

EN PRATIQUE

- **L'amour commence par soi. Alors apprenez à vous aimer, tous les jours un peu plus !** Que pourriez-vous faire à partir d'aujourd'hui pour vous aimer davantage ? Pourquoi ne pas vous regarder chaque matin dans la glace et vous dire « je t'aime » ? Trouvez votre technique et pratiquez-la sans modération !
- **N'ayez plus peur d'être blessé(e), ouvrez-vous à l'amour et acceptez de le recevoir !** Craignez-vous d'être une nouvelle fois trahi(e) ? C'est normal d'avoir peur lorsqu'on a souffert, mais apprenez dès maintenant à lâcher cette souffrance car tant que vous y serez agrippé(e), vous serez fermé(e) à de nouvelles rencontres et ce serait dommage de passer à côté juste par peur de souffrir ! Ouvrez votre cœur, à votre rythme, mais ouvrez-le !

JOUR 20

LÂCHER PRISE SUR SOI

• CITATION

« S'éveiller à qui vous êtes vraiment nécessite d'abandonner l'idée de qui vous croyez être. »

Alan Watts

• MANTRA MAGIQUE

« Je m'accepte et je m'aime tel(le) que je suis. »

Aujourd'hui, vous allez vous focaliser sur la personne la plus importante de toute votre existence ! Qui ? Eh bien, je crois que vous avez déjà la réponse…

Vous, oui vous !

Le but n'est pas de devenir quelqu'un d'autre, mais bien de reconnaître qui vous êtes et de vous accepter !

« Être soi », c'est chercher à mener une vie en conformité avec sa nature, ses désirs et ses valeurs. Osez aller au-delà des sentiers battus et des chemins (trop) connus et parcourus. Ce n'est pas parce que vous tracez un chemin différent que c'est mal ou que vous êtes un extraterrestre ! Il n'y a que vous qui savez ce qui est bon pour vous ! Personne d'autre. Tout part de vous.

« Être soi », c'est apprendre à avoir confiance en soi et oser mener la vie qui nous correspond vraiment.

Posez-vous ces questions : qu'est-ce qui me parle ? Qu'est-ce qui sonne juste et vibre en moi ? Qu'est-ce qui me rend heureux(se) ?

Souvenez-vous, ce n'est pas parce que votre frère a fait Sciences Po que vous devez faire pareil ! Faites des choix qui reflètent vos désirs à vous et pas les désirs de vos parents, de votre partenaire ou de la société !

En vous débarrassant de ce qui est superflu, de ce qui ne vous appartient pas ou qui ne vous ressemble pas, vous revenez à l'essentiel. Vous retrouvez votre base, vos fondations.

« Être soi », c'est comprendre que l'on est fait d'ombre et de lumière ; de défauts et de qualités. Apprenez à reconnaître les parties de vous-même que vous aimez moins, plutôt que d'essayer de les nier et les rejeter. Il n'y a pas de lumière sans ombre et *vice versa*. Si vous ne montrez que vos qualités, vous ne vous montrez qu'à moitié. Ne craignez pas vos ombres, n'ayez pas peur que les gens voient vos défauts. Si vous fuyez vos ombres, elles vous poursuivront. Si vous leur résistez et les niez, elles persisteront. Mais si vous osez admettre vos défauts et les voir consciemment, vous aurez en mains les clés pour pouvoir les transformer.

« Être soi », c'est arrêter de se comparer et de vouloir ressembler aux autres. Lâchez vos doutes et vos peurs. Vous êtes tel(le) que vous êtes et c'est très bien comme ça ! Ne perdez pas votre temps et votre énergie à vouloir vivre la vie d'un autre.

À RETENIR

L'intensité de la douleur est à la hauteur de la résistance ! Plus vous résisterez et plus vous souffrirez. Alors, revenez à l'essentiel : vous.

Pour être vous-même, vous n'avez rien à « faire », vous devez « être » tout simplement !

Exercices

Je reprendrais bien une dose d'auto-compassion, s'il vous plaît !

Soyez indulgent(e) envers vous-même. Vous êtes-vous trompé(e) ? Avez-vous commis un impair ? Bienvenue au club des êtres humains ! C'est normal ! C'est grâce à ces expériences que vous grandissez, que vous évoluez ! Essayez dès aujourd'hui de changer de vocabulaire en bannissant les : « j'aurais dû, j'aurais pu, j'aurais voulu ».
Utilisez vos expériences de vie pour avancer.

Votre yin-yang

Afin de mieux intégrer vos parts d'ombre et de lumière, je vous propose de dessiner, puis remplir votre yin-yang. Dans la partie noire, annotez tous vos défauts, sans oublier que, parmi eux, il y a un point de lumière, un peu de blanc dans cette noirceur. Une qualité parmi les défauts.

De même, dans la partie blanche, écrivez toutes vos qualités, sans oublier la petite tache noire, cette petite ombre parmi la lumière. Un défaut parmi les qualités.

Lorsque vous aurez fini, prenez un peu de recul et regardez votre yin-yang, c'est vous, dans votre globalité. Vous êtes un tout, équilibré et harmonieux.

Vous ressentirez peut-être un bien-être et un calme profond. C'est normal, vous avez lâché l'image de vous-même que vous vous imposiez, vous vous êtes reconnu(e) tel(le) que vous êtes réellement.

Prenez-vous dans vos bras et dites-vous : « Bravo ! »

EN PRATIQUE

- **Être soi, c'est être authentique et oser montrer sa vulnérabilité. Ne vous cachez plus derrière des masques. Dévoilez-vous tel(le) que vous êtes réellement.** Quelle partie de vous êtes-vous prêt(e) à dévoiler à partir d'aujourd'hui ? Apprenez à ressentir à quel point votre vulnérabilité est belle et fait partie de vous, ne l'étouffez plus et embrassez-la totalement !
- **Ne vous efforcez plus jamais d'être quelqu'un d'autre, soyez vous-même ! Vous l'êtes déjà !** Quelle image avez-vous de vous-même ? Est-elle vraiment en accord avec votre essence ? Qu'avez-vous envie de lâcher là, maintenant ?

JOUR 21

LÂCHER PRISE GRÂCE À DES PETITES ACTIVITÉS À FAIRE AU QUOTIDIEN

• CITATION

« Lâcher prise ne signifie pas que vous êtes faible, mais que vous êtes assez fort pour laisser aller. »

Josette Sauthier

• MANTRA MAGIQUE

« Je suis capable de lâcher prise à tout moment. »

Ça y est ! Le jour 21 est arrivé, dernier jour de cette folle aventure !

Pour cette ultime journée, j'ai choisi de vous donner 21 activités à faire où vous voulez et quand vous voulez pour lâcher prise à tous les niveaux.

Évidemment, cette liste n'est pas exhaustive, ce sont les activités que je pratique, car elles m'aident et sont efficaces pour moi ! Je vous encourage à déceler ce qui vous fait du bien et qui fonctionne le mieux pour vous.

1 ■ Méditer.
2 ■ Choisir un mantra magique pour la journée.
3 ■ Écrire dans un carnet pour coucher toutes les émotions.
4 ■ Passer du temps dans la nature.
5 ■ Relâcher chaque partie du corps et s'ancrer solidement.
6 ■ Réaliser des exercices de relaxation.
7 ■ Chanter.
8 ■ Regarder des films qui font du bien (et surtout des dessins animés).
9 ■ Rire.
10 ■ Faire du sport.
11 ■ Danser.
12 ■ Suivre son intuition.
13 ■ Faire du yoga.
14 ■ Se reposer.
15 ■ Réaliser des techniques de respiration.
16 ■ Faire des exercices de visualisation.
17 ■ Prendre soin de son corps (massage, soin).
18 ■ Faire quelque chose que l'on n'a encore jamais fait.
19 ■ Cuisiner.
20 ■ Créer un tableau de vision (un quoi ? Voir ci-contre !).
21 ■ Peindre (et colorier des mandalas).

Le tableau de vision ou de visualisation

Il s'agit d'un assemblage de textes, d'images, de photos, de citations… qui aide à conceptualiser vos rêves, vos objectifs, vos projets en tout genre. Par exemple : changer de boulot, devenir parent, faire un voyage lointain…

Comment procéder ?

- Prenez des magazines, des photos et une feuille A3. Munissez-vous de ciseaux, de colle et de crayons de couleurs.
- Découpez toutes les images qui vous parlent, qui entrent en résonance avec votre intention de base.
- Coupez, collez, écrivez… Laissez-vous porter par votre créativité.
- Lorsque vous aurez fini, contemplez le résultat, et puis lâchez prise et n'y pensez plus ! Tout se manifestera parfaitement au moment voulu. Vous verrez, vous serez surpris(e) !

EN PRATIQUE

- **Faites-vous confiance, vous êtes désormais capable de lâcher prise partout et à tout moment.** Souvenez-vous que vous avez toujours le choix ! Il ne tient qu'à vous de le faire, soyez donc confiant(e) et lâchez !
- **Trouvez les activités qui vous correspondent le mieux et faites-les aussi souvent que possible !**
- **Le lâcher-prise ? À consommer sans modération !** N'hésitez pas à être créatif(ve) et inventez vos petites techniques magiques !

Conclusion

L'idéal est de continuer à pratiquer ces exercices au quotidien ou chaque fois que vous en ressentez le besoin. Au fil du temps, ce ne seront même plus des exercices à faire mais des façons de penser, d'agir et de faire, complètement inhérentes à votre nouveau vous !

Je ne sais pas si vous vous rendez compte du travail énorme que vous avez accompli ! Ce fut une aventure intense qui vous a sûrement bousculé(e) dans tous les sens du terme, mais je suis certaine que vous en récoltez déjà les fruits !

Tout ce que je peux vous souhaiter, c'est de continuer sur cette voie et surtout d'être heureux(se) !

Quant à moi, alors que j'écris les dernières lignes de cet ouvrage, tout ce qu'il me reste à faire, c'est de lâcher prise quant à vos impressions et vos avis. J'ai écrit ce livre avec mon cœur, en toute simplicité et humilité, et j'espère qu'il sera reçu comme tel.

Quelques pistes de lectures

Chose promise, chose due !

Voici quelques ouvrages qui traitent du lâcher-prise et d'autres qui m'ont inspirée dans mon parcours et qui m'ont aidée à grandir et évoluer !

- *Lâcher prise. Dire oui à la vie*, Rosette Poletti et Barbara Dobbs, Jouvence, 1998.
- *Petit cahier d'exercices du lâcher-prise,* Rosette Poletti et Barbara Dobbs, Jouvence, 2013.
- *Le Livre du pardon : quatre étapes pour transformer nos vies et le monde,* Desmond Tutu et Mpho A. Tutu, Guy Trédaniel éditeur, 2015.
- *Le Pouvoir du moment présent.* Guide d'éveil spirituel, Eckhart Tolle, Ariane, 2016.
- *Les Quatre Accords toltèques : la voie de la liberté personnelle,* Don Miguel Ruiz, Jouvence, 2016.
- *Le Corps quantique. Le fabuleux pouvoir de guérison de votre esprit,* Deepak Chopra, J'ai lu, 2009.
- *Petit traité de vie intérieure,* Frédéric Lenoir, Pocket, 2012.
- *Comme par magie. Vivre sa créativité sans la craindre,* Elizabeth Gilbert, Calmann-Lévy, 2015.

C'EST FINI LES SOUCIS, C'EST PARTI L'HARMONIE !

Dans la collection C'EST FINI ! C'EST PARTI vous aimerez aussi :

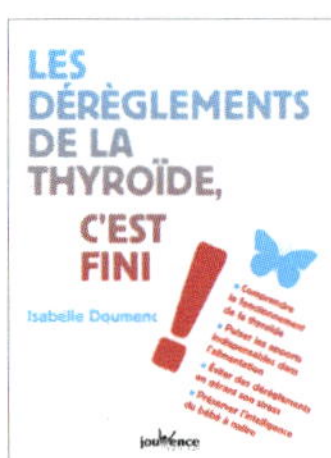

Prix : 6,90€

Achevé d'imprimer en avril 2017. Imprimé en République tchèque. Dépôt légal : mai 2017.